난파선 한 척, 그 섬에

도서출판 처음 ǀ 오늘의 서정시 001

난파선 한 척, 그 섬에

초판 1쇄 발행 / 2022년 11월 23일

지은이 / 신진순
펴낸이 / 김명희
펴낸곳 / 도서출판 처음
표지 그림 / 제이제이
출판등록 / 2022년 2월 11일 제 2022-000007호
주소 / 22173 인천광역시 미추홀구 석정로8
이메일 / noveljakga@naver.com
전화 / 0505-333-9018
팩스 / 0505-377-3121

ISBN / 979-11-979912-0-2 00800

· 이 책의 판권은 지은이와 도서출판 처음에 있으며 저작권법에 따라 보호받는 저작물이므로
  양측의 서면동의 없는 무단전재 및 복제를 금지합니다.
· 잘못된 책은 구입하신 서점에서 교환해 드립니다.
· 이 책은 2022년 인천문화재단 후원으로 만들어졌습니다.

도서출판 **처음** ǀ 오늘의 서정시 001

난파선 한 척, 그 섬에

신진순 시집

시인의 말

몇 년 전 남도 끝자락 고흥 나로도로 터전을 옮겼다

눈앞에 펼쳐진 바다와 산, 바람과 비, 나무와 풀 등과 어울리며 시간을 손발로 땅에 새기며 사는 섬 생활의 체험을, 풍경을, 그리고 함께 살아가는 이웃들의 삶을 두 번째 시집으로 엮는다

땀 냄새 풍기고 살아 숨 쉬는 따뜻함이 배어나는 시, 였으면.

2022년 가을
신지순

| 차례 |

003 · 작가의 말

Ⅰ부

016 · 품앗이
018 · 햇살의 무게
020 · 난파선 한 척, 그 섬에
022 · 마음을 동여매다
024 · 땡볕소리
026 · 시간에는 브레이크가 없다
028 · 신초마을
030 · 에바다
032 · 버스기사와 뉴스
034 · 담쟁이
035 · 방생하는 시간

풍경의 서막 · 010   036 · 유년의 다리
곰보 갯바위 · 012   037 · 침묵의 온도
기억, 존재의 우물 · 014   038 · 쑥섬 초분골

Ⅱ부

048 · 끙
049 · 맷집
050 · 눈물의 열쇠
052 · 감금된 시간
054 · 낯선 얼굴
055 · 노을이 부서지는 시간
056 · 잃어버린 지갑
057 · 바통터치
058 · 응, 답
060 · 지구 끝에서 온 소식
062 · 후미진 시간

단단한 시그널 · 042   064 · 가스라이팅
바늘귀 꿰기 · 044   065 · 시간 퇴적층
표피에 갇힌 날들 · 046   066 · 바람의 통로

Ⅲ부

074 · 먼지 퇴적층
076 · 발효되는 시간
078 · 냄새는 살아 있다
080 · 11월, 곰돌이 휴식
082 · 뒤통수 긁는 법
083 · 바람의 치아가 새겨놓은 흔적
084 · 널뛰기
086 · 걱정이란 벌떼
088 · 당신이라는 선물
090 · 새, 너마저
091 · 위로의 손길

흔적 · 070　092 · 시간의 뒷모습
사과 세 쪽 · 072　094 · 소포상자
수심 · 073　096 · 밥이라는 경전

Ⅳ부

106 · 우주를 가로지르는 누리호
110 · 나로도 하늘은 맑다
112 · 북서쪽 울안, 말씀 하나 서성일 때
114 · 평평한 벼랑
116 · 대지의 점령군
118 · 꽃들의 수화(手話)
119 · 천로역정
120 · 헛탈
121 · 뒤꼍

소록도 큰할매 마리안느 · 100　122 · 해풍의 진단서
사과의 온도 · 102　124 · 소록도 작은할매 마가렛
망명의 늪 · 104　126 · 발포리 팽나무 장계

해설 | 유성호 (문학 평론가, 한양대학교 국문과 교수) · 128

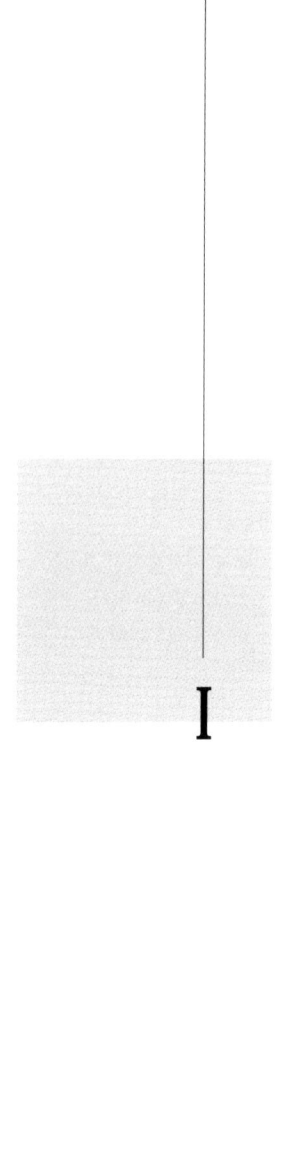

- 10 · 풍경의 서막
- 12 · 곰보 갯바위
- 14 · 기억, 존재의 우물
- 16 · 품앗이
- 18 · 햇살의 무게
- 20 · 난파선 한 척, 그 섬에
- 22 · 마음을 동여매다
- 24 · 땡볕소리
- 26 · 시간에는 브레이크가 없다
- 28 · 신초마을
- 30 · 에바다
- 32 · 버스기사와 뉴스
- 34 · 담쟁이
- 35 · 방생하는 시간
- 36 · 유년의 다리
- 37 · 침묵의 온도
- 38 · 쑥섬 초분골

풍경의 서막

나로도 봉래 장날
열무 다섯 단 마늘쫑 세 단 생선 여섯 무더기
아이들 손꼽놀이 하듯 고샅길에 좌판을 벌려놓은
검버섯 깊게 핀 어제의 수다들이
옹기종기 모둠살이 하고 있다
호미자국 새겨진 푸른 시간을 팔고 있다
묵직하게 기다림을 키우고 있다

막 가져온 따끈따끈한 손두부 사세요
도토리묵 들여가세요
일찍 담벼락 아래 자리 잡은 화물차 확성기에서
기계음들 달려 나온다

콩나물 천 원
찐빵 이천 원
손두부 한 모를 사고 나자 손지갑이 헐거워
열무며 마늘쫑은 끝내 못 사고 돌아선다

흙 속 굼벵이처럼
꼼지락거려 가꾼 목숨들을 팔고 있는 그녀들 등 위로
나로도 동쪽 바다에서 보따리 이고 나온

햇살도 한쪽 자리를 차고 앉아 전을 펼친다
일찍 구경 나온 참새 한 마리
그 위를 가로지르며 노래 한 소절로 마수걸이하는 아침

곰보 갯바위

시간도 오래 묵으면 저렇게 견고한 경전이 될까
나의 눈과 나의 궁리를 떠나간 무수한 시간 입자들은
지금쯤 망각의 어느 깊이를 허물어내고 있을까

돌아보면
나는 늘 어딘가로 귀속되고 싶었다
때로는 그리움 안쪽으로 잠적하려고도 했었다

파도가 바람을 꿰어 이 갯바위에
무수히 풍향의 음계를 새겨놓는 동안
까마귀들은 뒤쪽 숲의 오후를 쪼아 먹고
이곳에 내려와 지친 관절들을 주무르다 떠났을까

바위는
수시로 들렀다 떠나가는 해풍과 새들의 사연을
자신의 몸에 새기기를 얼마나 오래 해왔던 것일까

오늘, 나도
섬 한 채 품고서 허공 저쪽 음각의 날들 깊이로
침잠하고 있다

기억, 존재의 우물

생이 방전된 배터리 되어
손끝발끝 꼼지락거림도
작동 멈춤, 된 때가 있었지요

수십 년 우정이라는 게
생의 목을 죄는 올무가 되었을 때
허둥대며 달려왔던 내 지난날들이
나로도 바다 속으로 달려가 모조리 익사하고

무너진 우정이 주고 떠난 절망 한 채
내 안으로 이주해 온 후로는
영원한 잠으로 도망이라도 가고 싶었지요

사람의 낯을 볼 수 없는 날들이 늘어가고
한 줄기 실가닥 희망도 종적을 감춰
내일을 기약할 어떤 것도 없었지요

낮과 밤의 모서리를 침묵으로 헤매며
덕흥리* 물결 따라 흘러가던 어느 날
몸 안쪽 깊은 곳에서
샘물처럼 맑은 용서 하나가 솟데요

보이지 않은 그 어떤 힘이
서서히 내 안에서 새순처럼 물오르데요

덕흥리*
전라남도 고흥군 동일면(내나로도)에 소재한 마을.

품앗이

그녀의 사투리 속에는
딱지 앉은 염증들이 얼비쳤다
삼년 묵혀 걸러낸 매실 액이라며 내게 주시길래
답례로 잘 풀리는 집 한 채 사 갔더니만
뭐 하러 이런 것 가져왔냐며 한 말씀 하신다

세상살이에 독불장군 어디 있간디
사는 게 다 품앗이 아닝가

여섯 살배기 손녀 데리고 친정 갔다 온다던
베트남댁, 며느리가 일년 지나고 오년 지나도 안 돌아온다며
자식 일은 어미가 어찌 할 수 없다며
큰 한숨 한 줌도 함께 주시더니
앉은자리를 뜨려는 내게
한 마디 더 얹어주신다

저 높은 곳의 마음도 얻으려면
마음 열어달라고 보채야 한당께
새벽이고 낮이고 밤이고
두 손 모으며 보채야 한당께

그는 그 자리에서
항상 같은 마음일지라도
내가 내 마음을 무릎 꿇고
그에게 보여주지 않으면
내가 그의 마음을 알 수가 없당께

그녀가 무디게 견뎌낸 염증 자리엔
검은 딱지 촘촘히 앉았던 그 자리엔
세월의 주름살로
골이 진 그 자리엔
말간 사투리가 골골이 흐른다

햇살의 무게

초여름 나로도에선
함지박 속 햇살도 갯장어가 된다

허리가 수평선보다 낮게 내려온 저 할머니
자신과 함께 늙은 함지수레에 들통 하나 싣고
삼거리에서 동포마을 쪽으로 반쯤 식은 태양을 밀며 간다

고무 함지를 노끈으로 꿰매 어깨에 걸친 은백의 세월
무임승차한 갯벌에서 건져 올린 비릿한 체념과 파도 소리까지 싣고
노을 속을 지친 소처럼 느릿느릿 걸어간다

몇 걸음 가다 멈춰 서서 굽은 허리 양손으로 받치고
등 굽은 독백 한 줌 해변 저쪽으로 푸념하듯 날리며
긴 숨으로 천리 길 가듯 한 뼘 길을 간다

유월의 송엽국 한 무리가
분홍빛 졸음을 켜둔 채 당직을 서는
근무자 없는 허깨비 파출소 담장 밑, 길고양이 한 마리
그 걸음길 멀거니 쳐다보다 애 터지고 허기져서
전생을 핥아대며 마냥 앉아있다

파도를 접으며 귀가하는 할머니
함지박 속에서 우글거리던 햇살이 스러지고 있다

난파선 한 척, 그 섬에

해풍의 모서리를 만지면
낮은 바다를 배로 기어온
바람의 손끝마다 오래된 지문이 묻어나고
대낮에도 심호흡이 길게 밀물진다

테라스 위로 하루치 그늘이 드리워지면
섬마을 나로도는 집이고 뜰이고 온통 메마른 갯벌이 된다
벽, 빗자루 밑, 민들레 풀섶
어둡고 습한 곳은 어디든 게들의 전설을 들쓴 움막이 되고
베란다 한쪽 모서리로 난파된 다리 붉은 게 한 마리
갯내음 풍기며 칠월 햇볕에 일생을 바짝 말리고 있다

내 이름이 쓰인 조각배 하나
부풀린 삶에 눈멀고 부주의한 일상에 좌초되어
요동치는 물살에 중심 잃고 휩쓸려 밀려와
이 섬에 근심 한 채 짓고 말았으니

벌레 울음과 파도에 따라 출렁대는 지구 바다
망망한 대양에 삼각자처럼 홀로 떨어진 조각배
저마다 가는 곳도 정박할 곳도 몰라 허둥거리는
지금 서 있는 자리에서 모두는 좌초된 난파선들

저녁이 되자 바위섬에 둘러싸인
마을 입구 샛강 같은 바다에서 김이 기어오르고
이따금 허공 안쪽, 생 저편으로
먼 항해를 마친 나뭇잎 하나 바닥 근처로 닻을 내린다

마음을 동여매다

삼년 전 서울서 끌고 온 화분 하나
밑동부터 들뜨고 말라가는 뿌리들이
상한 발가락처럼 아프다고 보챈다

도시 아파트 유리창 아래
따스운 식물의 날들에서
어느 날 문득 폭력처럼 해풍 속으로 옮겨진
푸른 것들의 생애가
통째로 설움 같은 삶을 버티고 있다

물길 따라 이어지는 바닷가를 서성여도
발밑까지 따라와 나를 적시는 작은 신음들
이 섬에 아직 마음 한 자락 펼 곳 찾지 못해
뒷짐 지고 눈발 흩날리는 섬 지붕 위에
여기까지 끌고 온 서울 회색 하늘이 떠있다
섬에서 나고 자란 사람들은 장승처럼 말이 없고
길 가장자리 풀들이 스산한 바람에 흔들린다

견뎌야 해, 강한 주문 같은 말
마음을 동여맨 의지처럼
머리에서 내려와 가슴으로 파고든다

후회의 끈으로 꽁꽁 묶인 지난날을
들고나는 물결 위 먼 하늘로 날려 보낸다

땡볕소리

내 안에 먹구름들 검게 몰려와
침묵을 들쓴 불안감이 내 궁리를 찌르고
잊고 있던 무의식 한켠이 숨차오면
끙, 하며 내가 나를 먹는다

제 숨길 틀어막는 그 소리
오래전 그녀에게서 자주 들었다

혼자서 장독 옮기는 내내 장단 맞추듯 내던 짐 소리
여름 콩밭 고구마밭 풀맨 날, 밤새워 잠결에 토해낸 땡볕소리
애먼 소리 듣고 어찌하지 못해 몸 뒤척이며 내던 분 삭히는 소리
눈물을 침묵으로 삼키며 내던 소리들

고된 숨을 깊게 삼켜가며
어린 것들의 길에 들이치는 비바람을 막고 서서
어떤 목숨도 혼자 힘으로 살 수 없다는 걸 묵언으로 보여준
몸을 세상 바닥에 깔아 길이 되어준 사람
끙, 숨 넘기는 소리 들린다

새벽 세시가 넘은 시간
고단한 발을 끌고 온 그믐달이 어두운 하늘 장막을
끙, 들어 올리고 있다

시간에는 브레이크가 없다

태양이 길 섶 풀잎 속으로 마실 나온 오후
섬자락이 물고기처럼 풀어놓은 바람 속으로 차를 몬다
가속 페달을 밟을수록 바람의 벼랑은 가팔라지고
붉거나 푸른 풍경들은 일제히 납작하게 구겨진다

차창을 열자
오른쪽 상념 언저리에 저장되었던 시간들이 확 깨어나
왼편으로 고여드는 해변도로 위에서
내 안쪽 멈추지 못했던 지난날들이
나로대교 낚시꾼 야광찌처럼 마음에 밟힌다

며칠 전까지
회색빛 서울 도로에서 허둥댔던 내가
적막이 일상인 이곳 섬마을 해안도로를
잔바람에 일렁이는 파도와 하늘에 번져있는 햇무리 사이를 달린다

맥없이 속력을 냈을까, 좌측으로 핸들을 틀자
오른쪽 바퀴에서 팽창했던 속도가 순간 빠진다
펑크다. 나는 붉게 켜진 난감함을 식히며
보험회사에 전화를 걸고 뻘바다 난간에 앉는다

노을이 개펄에 옮겨 붙었는지
뻘 위에서 게들이 분주하게 도망친다
허둥대던 도회지 시절이나 적막이 울렁이는 섬이나
내 안에서 고개 드는 조급증은 좀처럼 제어되지 않는다

타이어 구멍을 붉은 고무줄로 구겨서 막던
카센터 직원, 유리조각이 박혔네요
한마디 남기고 뒤꽁무니에 흰 연기 날리며 떠난다

신초마을

느린 바람과 구름을 풀어놓은 노인들이
양떼처럼 기다림을 키우는 곳

어느 집 모퉁이 간짓대에 걸린 흙빛으로 변한 흰옷은
뭍 저쪽으로 보내는 조난 신호였는지
선장도 어선도 낚시꾼들도 이곳을 찾는 일이 없고
풍어 소식은 겨울 풀씨처럼 씨가 말라, 문을 닫은 지 이미 오래다
담장을 넘는 감나무와 무화과나무 그늘에 어둠만 깃들어 살고
고샅길엔 침묵이 묵직한 두께로 쌓이고 메마른 이끼가 전설을 말린다
밥 짓는 아궁이 앞에서 부지깽이로 독백을 휘저으면 견디던 선장집
막내딸도 어부 아부지 떠난 후 이곳에 발길을 끊은 지 오래다
조카 수만큼 고생보따리 담고 살던 올케만 홀로 지낸다던 그 집에
그녀마저 치매로 읍내 요양병원으로 업혀간 후
염소 같은 구름들이
간혹 주인이 되어 집을 살피다 저녁처럼 멀어진다

마당 앞에 서 있는 소나무 솔잎 위에 벌 한 마리 앉았다 날아가고
 솔가지 사이사이에 걸쳐진 거미줄에 사마귀 한 마리 걸려 있다

 뒷산 솔가지 사이로 햇살과 갯바람이 늘상 드나들지만
 땅따먹기도 얼음땡 놀이도 오래전 지워지고
 적막만이 마을 고샅길을 돌고 돌며 집집을 기웃거린다

에바다*

햇살이 제 몸에 저장된 온기를 풀어내는 오후
손님이 떠난 배후를 살피려 객실로 들어선다
도심에서 가져온 취기들을 날리려 창문들 열고 화장실로 들어서니
변. 기. 가. 막. 혔. 다
양손으로 씨름해보지만 쉽사리 뚫리지 않는다

구부러져 네 길이 도무지 읽히지 않는 것처럼
너와 나도 그렇게 콱 막힌 적 있다
내 생각을 바닥에 깔고 네 말을 읽으니
네 말은 보이지 않고
내 궁리를 밑바닥에 깔고 네 귀에 대고
내 아집만 한껏 쏟아 부었으니
내 소리는 통로 막힌 막다른 골목 벽에 부딪혀
다시 내게로 되돌아온 메아리였다
네게 건넨 무수한 주어들은 내 안에서 수시로 길을 잃었고
서로는 자아의 벽 속에 자신을 감금시키던 밀폐의 날들이었다

작은 풀 한 포기 품을 수 없는 네 안에
너를 담으려 했던 나 자신을 발견하기까지
참 오랜 세월을 고꾸라져야 했다

너와 나, 서로를 향한 더부룩한 오해를
변기 속에 함께 흘려보내고
다시 태초처럼 너를 본다

간다, 저기
햇살이 방문하기 좋을 오후를 활짝 열어젖히러
에바다, 에바다

에바다*
'열리라'의 뜻

버스기사와 뉴스

옆 좌석 여인이 직행버스 기사에게 뉴스 좀 틀어달란다
아줌마, 뉴스 눈으로만 보세요
큰소리로 해설하지 말고요 하더니
기사는 혼잣말로 한마디 덧붙인다

*며칠 전에 그런 아줌마 때문에 초상 치를 뻔 했네, 내 뒤
에서 뉴스마다 큰소리로 해설해가면서 어찌나 시끄럽던지
정신이 나가버리더라고*

화면에는 웃통 벗은 사내가 문신이 새겨진 팔뚝
주먹으로 여인을 마구 두들기고
옆에는 세 살쯤 되어 보인 아기가 울고 있다

뉴스를 보던 그녀
어매, 저 놈이 사람을 저리 팬다냐 하다가
놀라 입을 다물고 기사를 본다

영상을 본 나는 문득
지난날 내 안으로 둘쳐짐 날이 들던 폭력 같은 오후가 떠올라
압정에 찔리듯 짐을 챙겨 하차를 서두른다

차멀미일까 영상 속 사내일까
명치끝 안쪽에서 덜 삭혀진 텁텁한 이물감이 고개 든다

버스는 남광주 정류장에 속이 뒤틀리는 나를 쏟아놓은 채
검은 매연 속으로 밀봉됐다

담쟁이

나는 온몸으로 기어서 벽에 그림을 그리지요
벽이 가파를수록 몸에 힘을 더 주며
한순간도 쉬지 않고 벽에 그림을 그리지요

청춘을 허물며 지내던 어느 날
삶이 버티기라는 걸 알았을 때
손에 힘을 꽉 주며 버텼지요

강렬한 태양과 어울려
진녹색으로 벽을 온통 물들였던
절정의 순간도 있었지요

잎으로 장식한 옷 떨어지면
벽을 꼭 붙잡고 덜덜 떨며
실핏줄 드러난 알몸으로
갈색 거미줄 그림을 그렸지요

온몸이 통째로 물감이 되고
온몸이 붓이라는 걸 알았을 때
벽에 그림을 그린다는 건 내게
목숨을 지키는 일이란 걸 알았지요

방생하는 시간

이제 잊으라네요
거래한 흔적이 지워졌다네요
내 속에서 부글거리며 부풀어 오르던 것들을
이제 일상 속에서 발효시켜 잠재우라 하네요

아무리 마음 졸이고 애태워도
견뎌야 할 시간이 채워질 때까지
몸에 새겨질 때까지 어찌할 수 없음을 알았네요

상처 자리를 배회할수록 다친 데는 덧나데요
친구란 복면을 쓰고 내 일상을 은행에 저당 잡히게 한 세월
이제 한 마리 거북처럼 저 멀리 방생해야 할 시간
그동안 그림자로 동행하고 있었네요

버려야 이익이 되는 마음장사가 있데요
한 푼 더 챙기려고 마음 졸이고 애태우다
내 안쪽 날들이 먼저 적자가 나고 탈이 나는 이웃 간이 있데요
닭이 알을 품듯, 바람도 세월도 사람도 그렇게
때로는 미움도 집착도 내 가슴으로 고요히 덮어야 할 때가 오네요

유년의 다리

아카시아 향기, 온 산에 지천으로 번지던 날
명희가 가고 풍선 불며 뛰던
우리 유년도 문둥이다리 위에서 그렇게 갔다

고흥반도 두원국민학교 뒷길
대나무 숲길을 지나고 산밑 신작로엔
대낮에도 문둥이들이 숨어 지낸다는 다리가 있었다
수업을 마치고 집으로 갈 때
호기심을 부풀리며 풍선을 불며 걸어가던 길
무시무시한 문둥이 이야기를 하다가 그 다리 위에 오면
어깨에 책보자기 걸머멘 머슴애들도 달음질치고
풍선 불던 여자애들도 놀라 뜀박질한다
그 순간, 부풀려진 풍선이 명희 목구멍을 꽉 막았다

눈알 허옇게 뒤집히고 몸뚱이 퍼렇게 식어가는
그 친구가 문둥이보다 무섭고
그 애를 덮친 풍선은 더 무서워 우리들은
입가의 호기심 주머니를 손에서 마구 털어내며
두려움처럼 흙먼지 뿌옇게 일던 신작로를 마구 뛰었다
뜀박질 소리만 온 산과 들에 메아리로 울려왔다
그날 저녁, 뻐꾸기 울음소리가 온 마을을 슬프게 적셨다

침묵의 온도

집안 구석구석, 갯내음이 안개처럼 스며있다

생굴과 참기름을 넣어 뿌옇게 우러난 국물에
엽록의 생각들이 실오라기처럼 풀어진 매생이국을
한 숟갈 입안으로 떠 넣는 순간
그 뜨거운 침묵에 온 입안이 깜짝 놀란다

어찌할 수 없는 찰나의 외침
더는 삼킬 수도 뱉을 수도 없는 고통
신호도 주지 않고 일상의 평온을 집어삼킨 습격

한 손엔 채 식지 않은 수저를 들고
또 한 손 명치 어디쯤을 한참 되짚어본다

더는 후퇴할 곳이 없는 자리엔
항상 올무가 도사리고 있다
나 오늘,
푸른 침묵의 올무에 덜컥 걸려들고 만다

화끈거리는 속을 애써 찬물로 다독이며
삼켜도 삼켜도 삼켜지지 않는 허물 같은 통증 한켠을
혀끝으로 오래, 쓰다듬는다

쑥섬 초분골

평생 바다가 논이고 텃밭인 쑥섬 사람들은
부모가 준 명줄도 내 소유가 아니어서
목숨을 늘 겉주머니에 차고 다녔다

나로도항에서 비린 육자배기 한 소절 뽑으면 닿는
수천년 바다에 소처럼 누워있는 봉호, 이 섬엔
생의 마지막 뚜껑이 닫히면 가서 잠시 누울
초분골, 주검들의 대합실을 꼬리에 달고 있었다

어느 해 겨울 끝, 웃녘 아랫녘 바다가 뒤집히고
파도가 허연 거품을 하늘까지 뿜어 대던 날
굴비처럼 묶여 퍼렇게 식은 몸체들 실은 어선 한척
유령선처럼 이곳에 닻을 내렸다

그날 마을엔 오색 깃발이 혼절할 듯 곡을 했고
 시루 째 놓인 팥시루떡 뜨끈한 김에 혼들이 어룽어룽 얼비치다 떠나갔다
 물속에 놓고 온 영혼들이 그제야 제 주검을 찾아 초분에 들어가 누웠다

온 세상 찬기가 아직 가시지 않은 이월
마을 한쪽 끝, 우끄터리 동백이 긴 이승의 울음 통째로 떨구고
붉은 목울음을 파도보다 오래 토해내고 있었다

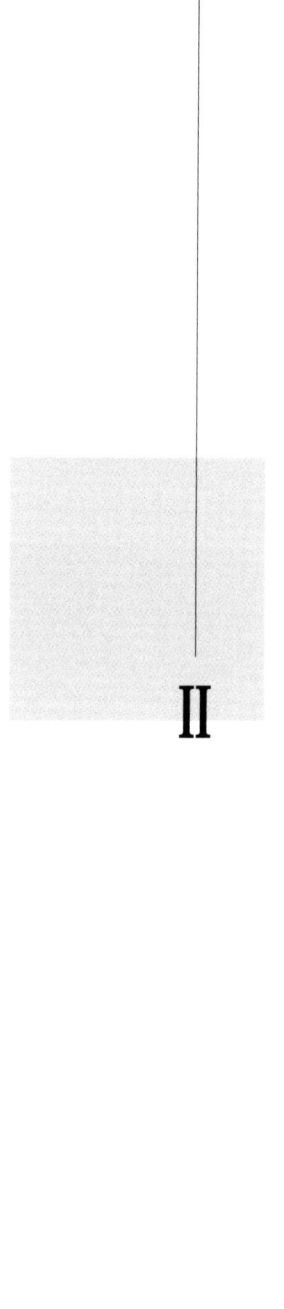

42 · 단단한 시그널
44 · 바늘귀 꿰기
46 · 표피에 갇힌 날들
48 · 끙
49 · 맷집
50 · 눈물의 열쇠
52 · 감금된 시간
54 · 낯선 얼굴
55 · 노을이 부서지는 시간
56 · 잃어버린 지갑
57 · 바통터치
58 · 응, 답
60 · 지구 끝에서 온 소식
62 · 후미진 시간
64 · 가스라이팅
65 · 시간 퇴적층
66 · 바람의 통로

단단한 시그널

냉장고가 운다
냉기의 통로가 막혔다

무조건 욱여넣고 잊어버린 나의 무심함이 탈을 냈다
십여 년 간 무디게 견뎠고
한순간도 쉬어본 적 없는, 저 금속의 네모난 고립
팬에 들러붙어 단단한 얼음이 된 고체의 불규칙한 울음들
시도 때도 없이 밤낮으로 내 귓속을 긁는다
길이 사라지자 길이 되지 못한 것들은 울음이 되었다
산밑 말뚝에 묶인 앞집 개가 산짐승 발소리 듣고
밤새 짖어대듯이 웅 웅 울어대는 금속 절규

그렇게 며칠을 울어대자
푸른 작업복의 수리공 사내가 왔다
꽉 막혔던 속을 비우고, 해빙제로 몸을 녹여주고
이곳저곳 관절을 만져주고 물기 닦아주니
몸이 환생한 듯 쇠울음 그치고
고른 숨소리를 낸다

걷다 보면 늘 열렸던 길이 꽉 막힐 때가 있다
어제의 출구가 더는 출구가 되지 못하고
늘 웃어주던 사람이 의식 없이 실려 가기도 하고
지난 계절 기억 모퉁이에 환히 꽃불을 내걸던 나무가
어느 날 천둥번개에 허리가 잘려 사라지기도 한다

누군가 빽빽 울음 운다는 건, 어쩌면
단단한 외면을 잠시 끄고 관심을 켜야 할 시간
정신없는 일상의 코드를 전선처럼 뽑고
아늑한 방처럼 휴식의 불을 켜두어야 할

바늘귀 꿰기

거실에 앉아 있는 숨소리가 풍선처럼 부푼다
발밑에서 굴러다니는 실패는 긴 세월을 허리에 칭칭 감고
있다

대낮에도 바늘구멍에 실을 꿰면
내 몸 하나가 가느다란 실이 되는 착각에 빠진다
두 손가락이 잡고 있는 철기둥 끝 검은 싱크홀
뾰족하게 가위로 자른 숨소리를
어둠 속으로 천천히 넣어보지만
자꾸만 입구에서 꺾이고 마는 생각의 끄트머리

— 분명 맞는데… 여기가

구멍처럼 작은 시선이 걸어 나간 동구 밖
손끝에서 먼, 호흡의 지표면은 안개처럼 희부옇다
몇 번의 낭패감이 심호흡처럼 자세를 고쳐 앉는다
저 부드럽고 가벼운 직선의 고집 위로 나비가 날고
손끝에서 이탈한 오후 햇살들, 우르르 골목을 빠져나간다
가늘세 뜬 눈으로 갸웃 살펴도
도무지 열리지 않는 기둥 저쪽의 미세한 둠벙
지친 발로 실패를 한 번씩 밀어주곤 하면

한 가닥 검은 길이 손끝을 이끈다

그동안 웃자란 약속들만 고집했던 바짓단이 잘리자
포장 안 된 신작로 먼지 같은 시간들, 풀썩이듯 날린다

잠자던 기억 끄트머리도 바늘귀에 꿰어
보푸라기 인 바짓단을 한 땀 한 땀 기울 때마다
내 지나온 발걸음도 함께 꿰맨다

표피에 갇힌 날들

주차장 입구
앙상한 배롱나무 이마에 흰 구름이 걸려있다
뼈마디 드러내고 줄서기 한 겨울나무들 속에
헐벗은 한그루 겨울나무 되어 서 있는 그런 날

슬쩍 꼬리 감추고, 어색한 웃음으로 중심을 빗겨 보낸 시간들
입에 울타리 엉성하게 치고 언저리만 빙빙 돌며 말 돌리기 하던 혀끝
곁눈질하며 한쪽 눈 질끈 감고 힘든 과제 옆으로 뒤로 넘기려 했던 세월
느리게 배밀이하며 슬그머니 넘어가려 했던 그런 그런 내가 떠오르면
삶의 속주머니가 뚫리고 생에 금이 가는 소리 날카롭게 울린다

수십 년 내 팔 끝에서 낡아진 손가방을 열어보니
꼬깃꼬깃 구겨진 영수증들, 수첩 사이에 엉거주춤 서있는 메모들
솔기가 터질 정도로 쑤셔 박은 잡동사니들 가득하다

나라는 가방은 정리 안 된 생각의 조각들이 빽빽이 들어찬
어수선한 가방, 거기에 가득 채워진 것들
한 조각이라도 남길 것이 있는 건지
허방다리 짚고 나라고 여기며 살고 있는 건 아닌지

콩자갈 깔린 주차장에서 그래도 먹을거리가 있는지
새 한 마리가 종종걸음 걸으면서 뭔가를 쪼아대고 있다
표피에 걸린 날들이 거품처럼 빠져나간 그 끝자리

끙

바람이 스친다
나뭇잎 하나 끙, 신음소리를 낸다

끙, 까칠한 생에서 보푸라기처럼 돋아나는 한숨을
가위질 하듯 가슴 안으로 가라앉히는 소리

가뭄 계속되자 나뭇가지는
땡볕에 종일 얻어맞고
쑤신 삭신을 밤새도록 어루만지며
뿌리 끝, 마지막 물기 한 방울까지 빨아들인다
척박한 돌담에 이주해온 담쟁이 한 그루
살아남기 위해
암벽 같은 오늘을 신음하듯 기어오른다

세상 모든 손과 발엔
신음 퍼 올리는 성대가 있는지
바람 끝에도 폭풍우의 젖은 목구멍에도
닳지 않는 신음들이 밤새 우물물처럼 차오른다

뾰족한 생애를 건너온 것들은
끙, 아픈 신음을 속으로 삼킨다

맷집

삼월 중순 팔영산을 오르다가
비탈길 가장자리 등걸에 발부리 걸려 넘어졌다
다급해진 몸, 그루터기에 철퍼덕 주저앉는다

부주의함은 제 몸 어디 한 군데 허물어지고 나서야
넘어야 할 깔딱고개들, 긴 한숨 속에서 본다

문득 내 안쪽 벼랑에 새겨진 자국을 안고
움츠려 있는 한 아이가 신음하는 게 보였다

욱신거린 세월에노 시간이란 연고가 필요했는지
딱지가 앉고 떨어지고 새살이 돋는 동안
내 안에는 인고의 문신인 맷집이 새겨지곤 했다

찬기가 가시지 않은 계절
꽃을 먼저 피워낸 나무는
꽃잎들 땅으로 뚝뚝 떨어뜨리고
꽃 진 자리, 상처에 가장 환한 잎을 산란 중이다

눈물의 열쇠

바람과 구름의 경계 어디쯤에서
너와 나의 운명은 시작되었을까

시그널처럼 내 안쪽으로 뛰어내린 너
산란된 한 사람 몫의 계절로 내 안 저수지를 열고
나온 그 후부터 뜨거운 젖줄을 당기듯
너는 시도 때도 없이 나를 끌어당긴다

나의 방심을 뒤흔들던 비바람
몇몇의 사나운 뒤안길에서
벌겋게 밤을 새우던 단절된 네 뒷모습을 보거나
가끔 하얀 이 드러내고 활짝 피어나던 얼굴을 볼 때는
네가 내 안에서 투명하고 질긴 끈을 잡아당기곤 한다

그럴 때마다 연초록의 숲 어딘가에서 내게 온 너의 운명과
내 망각 끝, 흑백의 밑바닥으로 잊혀져가던 몇 줌 후회들이
비명처럼 얼비치고 오늘처럼 내 안에 비가 내린다

오늘은 이만, 너무 늦었다
내 청각의 둑 안으로 범람해 들어오는
저 빗소리를 닫아걸고서 돌아서는데
창문 밖 야심한 침묵이 새벽 저 먼 데서부터 아침을 끌어당기고 있다
마치 내 마음 속 작은 방에 웅크리고 앉아있는 너처럼

감금된 시간

산그늘 속으로 귀가한 겨울나무들이
저녁바람에 앙상해진 몸을 누이고
갯바람이 자객처럼 스며들어 눅눅한 한때
적막을 깨우며
어느 한 시절 매일 구로동 버스를 탔던 우정이 왔다

캐나다 어디쯤으로 까맣게 누락되었던
연필로 눌러쓴 빛바랜 일기장처럼
오래 소식이 없었던 그녀가
바퀴 달린 여행용 가방에 긴 어제를 담고서
내일로 향하다 오늘 내게로 왔다

캐나다 이민 생활 수십 년 세월
감금되었던 회한이 마개를 열고
밤새도록 내 안으로 쏟아져 들어왔다
그렇게 우리는 나로도 밤바다를 적셨다

내게 온 따뜻한 눈빛은
사년 동안 맘을 낯설임 실었던 그때를
그 시절의 학우들의 이름을 호명하며
잊혀가는 그들의 이야기를 나누며

차고 맑은 나로도 해변을 걷고 걸었다

지금 그녀는
또 다른 오늘을 향해 시동을 건다
엔진 소리로 하직인사하고 비탈길을 내려간다

낯선 얼굴

온종일 피로가 자라는 분주함에서
일손을 잠시 거둔 인파들이 지하철에 오른다
빽빽하게 들어찬 사람의 숲이다
지하철 어디에도 내가 안착할 자리는 없다

차창에 비친 내 얼굴이 무심하게 낯설고
이 땅에서 내 자리가 치워지는 날이란
생각의 불청객이 불쑥 들어선다

핸드폰에 눈 꽂고 생각의 속도로 손가락을 움직여 대는
사람들 틈새에 우두커니 서 있는 저 얼굴은 내게 누군가
지하를 달리는 전동차 어두운 차창에서
내 안의 타인을 만난다

입술만 웅얼거리다 문득 떠날
나란 손님을 그날 어떻게 배웅하지
창밖의 어둠이 그믐처럼 무겁게 밀려든다

노을이 부서지는 시간

바람이 구겨진 하늘 저편
구름 비껴서며 드러낸 저 선명한 불덩어리
수천 번의 태풍에도 휘청거리며 살아남은 소나무 잎사귀
사이 사이를 뚫고 들어선 그 햇살 가시들이 눈을 찌른다

노을을 등지고서 남겼던 그 말
거리를 휘청거리며 계속 귓가를 맴돈다

어쩌면
혀끝에서 흘리는 소리 같은
심장에서 토해낸 깊은 한숨 같은
생의 마지막 몸부림 같은 처절한 그 말이
저 붉은 파편들 속에서 살아서 울먹거린다

누군가를 향한 번민덩이, 붙잡고 끙끙거린 시간들
상념의 서쪽 모서리부터 허물어지기 시작한
붉은 것들의 생애가
이 저녁 물비늘처럼 내 안에서 수런거린다

잃어버린 지갑

지갑을 잃어버렸다
순간, 지갑 따라 정신도 나가버렸다
지갑 찾아 헤매면서
한 뼘 가방 속에 건사해 온 삶의 무게가
지갑 하나의 무게와 맞먹는다는 걸 알았다
몇 장의 지폐, 신용카드 몇 장, 동전 몇 개
생의 그늘마저도 조금은 가릴 수 있을 것 같았던
마음 한 자리가 뭉텅 잘려나갔다

지갑은 끝내 내게로 돌아오지 않았다
파르르 떨리는 손가락으로 전화를 걸어
분실신고를 하고 길모퉁이에 주저앉으니
그제야 지나온 길이 다시 보였다

어디에도 담지 못할 자잘한 내 생애
먼지 되어 길 위로 떨어져 나가버린 세월들
그동안 헛된 분주함으로 잃어버린 것들이
지갑보다 더 큰 것들이란 걸 모르고 살았다

바통터치

운동장은 아이들 가쁜 발자국 소리로
응원하는 관중들의 피목청 파도로 출렁인다

첫 주자 바통 넘겨주다 떨어뜨리자
뒤쫓아 온 추격자 앞으로 치달려나간다
그 다음 주자 앞으로 나가려다 걸려 넘어진다

꼬리에 꼬리를 잇는 이어달리기
할아버지 할머니에게 넘겨받은 바통 들고
엄마 아빠가 달리다가 내게 다시 넘겨준
그 바통 들고 날쌔 뛰나 넘어셨다
일어서서, 이 악물고 앞서거니 뒤서거니
헉헉대며, 달려가는 내 앞에
머리칼 세운 아들
손 내밀고 섰다

응, 답

여보 불 좀 켜
습관처럼
불쑥 튀어나온 말에
신음 같은 '응'이
없다, 답이 없다

크리스마스트리의 불빛이
꺼지지 않은 거리
차창으로 들이치던 눈발이
내 눈 속으로 날아든다

간에 드리워진 암세포 그물망에
걸려든 당신을 차가운 흙 속에 두고
캄캄한 현관을 들어선 순간
불쑥 튀어나온 말
여보 불 좀 켜

그 소리에 놀라 머리를 드니
텅 빈 온 집안이 멍멍하게
울먹울먹 울린다

여~보 부으르 조엄
부으르 조엄 켜어~

지구 끝에서 온 소식

미국에 사는 아들 고모한테서 전화가 왔다
어머니가 이번 주말을 못 넘길 것 같아요

함박눈이 밤새 내려 세상을 뒤덮던 이십칠 년 전
성탄절 날, 하루종일 고장 난 레코드판처럼
반복된 숨소리만 내던 둘째아들 먼저 떠나보내고
태평양 끝, 딸이 있는 곳으로 이사했던 그녀가
지구촌이 코로나로 발길이 묶여 있는 올해
앞뜰에 목련꽃잎이 마른 핏빛으로 뒹구는 사월 열하루날
이승의 백년 세월 등지고 먼 곳으로 영혼 이사했다는
소식을 듣는다

그녀 이주 소식이 비처럼 내 발등을 적시는 날
그녀가 떠난 빈곳마다 무성히 돋아나던
뾰족하거나 낯선 말 가시 엉겅퀴들 이제 시들고
함께 했던 세월이 가시 되어 내 눈을 찌른다

어머닌 하늘에 먼저 간 둘째아들을 만났을까
푸는 빌도 첫 입을 뗐을끼
그 강 건너면서 모난 말들도 순하고 부드러워졌을까

허공 저쪽 먼 곳을 향한 눈가의 물기를 닦으며 돌아서는 길
억새 사이에서 누군가 오래, 손 흔드는 듯한 저녁 어스름
집 앞까지 따라오는 위태롭던 숨소리
세엑세엑, 고장 난 레코드판 소리가 자꾸 들려
그때마다 나는 어두운 문 밖을 내다보며
뭔가를 분실한 여자처럼 서성이고 있다

후미진 시간

내 안에 흩어져 있는 적막한 주소지를 찾아 가는 길
저만치 소실점이 된 길 위에서
유통기한 넘긴 시간들을 솎아내는 일은 쓸쓸하다
내 생은 늘 미완의 날들만 머리에 이고 달린 세월이었다

고흥 행 고속버스에 몸을 싣고
눈길 스치며 지나가는 차창 풍경 너머로
도심 저쪽을 밀쳐내며 컴컴한 내 안에 등불을 켠다
앞뒤로 뒤척이는 구름처럼 흐르는 시간들
안주머니에 함구된 날들을 무릎 위로 꺼내놓는다

날들마다 한결같이 그렇게 쭉정이들뿐,
먼지처럼 허공 속으로 날려버려야 할 것들
애초부터 내 것 아닌 것들이 뒷모습을 보이며 떠나간다

후미진 곳에 웅크린 채
어쩔 수 없이 나인 것, 아직도
가슴을 아리게 파고드는 게 있다
세상에 내보일 쭉정이 주머니 차고 다니느라
편안한 눈길 따뜻한 밥 한술 나누지 못한 채
삼십을 넘겨버린 너를 측면에서 바라보는 일이다

객지 같은 고향 터미널에 버스가 정차하자
낡은 후회들을 챙겨 묵묵히 터미널을 빠져나오는데
먼지들 눅진하게 눌어붙어 퇴적층을 이룬 낡은 건물
뿌연 유리창 안에서 누군가 이쪽을 보고 있다
어제의 내가 오늘을 밟고선 나를 물끄러미 쳐다본다

가스라이팅*

설거지를 하다 불쑥, 내 안의 어디선가
문신처럼 새겨진 그때 일이 올라오는 날이면
잊고 지낸 얼룩들이 내 일상을 태풍처럼 휘젓고
내가 서있는 자리가 캄캄한 올무 속이 된다

어제의 내가 한 거대한 일은
우정이 욕망으로 파놓은 함정 속으로
내 스스로가 나를 끌고 들어갔던 거였고
빠져나오느라 손톱이 다 헐도록 구렁 절벽에
수년간 모질게 발길을 만드는 일이었음을
내 기억의 모서리에 아리게 새겨져 있다

타인이 파놓은 구덩이에 빠진다는 건
내 속에 불순물이 침잠해 있었음을
그리고 컴컴한 그곳에서 나를 건질 사람은
오직 나뿐이란 걸 알았다

백태 낀 내 육신과 마음을 해변에 내널며
혼자서 살아내야 할 내 삶의 유배지
이곳에 껍질뿐인 앙상한 희망을 챙겨
뿌리 뽑힌 나무 한 그루를 심는다

가스라이팅* │ 가해자가 피해자를 마음대로 조종하는 심리적 기술.

시간 퇴적층

거품으로 부서지는 자신을, 파도는
바위에 새겨두고 싶은 건지
제 몸을 돌덩이에 모질게 부딪친다

온몸을 부딪치고 부딪쳐서
끊임없이 때리는 모습이
어쩐지 낯설지 않고 눈에 익다

눈에 담아둔다는 말이
한때 위로가 된 적이 있었다
고개 한쪽으로 약간 돌리고
한쪽 발부리 살짝 방향을 바꾸니
그 풍경이 바로 사라지는 걸 몰랐다 그때는

발밑에 서걱이는 모래 같은 지나온 시간들이
손으로 긁고 발로 밟아 뇌 속에 일상으로 새겨진다
나란, 그 자잘한 손발의 움직임들이 켜켜이 쌓인 퇴적층

눈에 담아두는 게 아니라
손발로 땅에 새기며 견딘다는 말이
깊숙이 가슴을 파고드는 날이다

바람의 통로

계단 중간
쯤에서 넘어졌어요 순간
올라가는지
내려가는지 멍해진 정신
을 찾으려 주저앉았어요

진입금지 표지도 보지 않고
무작정 뛰어 지하철 엘리베이터로 들어선
순간, 내게로 밀려드는 계단 파도
땅속으로 향하던 긴 터널이 삼킬 듯이 내게 달려들어
소스라치게 놀라 온몸을 떤 적이 있어요

사막에서 한낮에 먹이를 찾는 방울뱀들은
꼬리 끝에 심장을 달고 외쳐요 딸랑거림으로 비명을 질러요
그러나 안과 밖이 모호한 사각, 모서리에는 심장이 없어요
고요한 헛디딤은 알 수 없는 곳에서 맹독처럼 치고 들어와요
바람의 통로에는 안전선이 없어요
그들은 절대 화를 내는 법이 없지요 침묵이 친절이에요

무릎 사이에 얼굴을 묻고 계단 모퉁이에 앉아
멍해진 속만 바라보는 긴 침묵의 시간
먹이를 구하려 가는 들고양이 한 마리가
내 정신에 경고등 켜 주고 휙 지나가네요

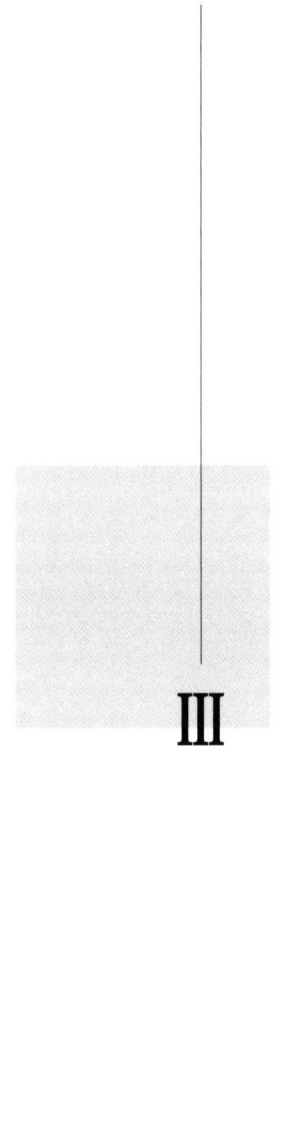

70・흔적
72・사과 세 쪽
73・수심
74・먼지 퇴적층
76・발효되는 시간
78・냄새는 살아 있다
80・11월, 곰돌이 휴식
82・뒤통수 긁는 법
83・바람의 치아가 새겨놓은 흔적
84・널뛰기
86・걱정이란 벌떼
88・당신이라는 선물
90・새, 너마저
91・위로의 손길
92・시간의 뒷모습
94・소포상자
96・밥이라는 경전

흔적

건너편 산마루에 해가 기울면
나무들은 긴 그림자를 머리에 이고 바다로 숨어들고
도심 저쪽 지친 피로들의 휴식을 챙기러
텅 빈 객실을 들어서면 거기 있다
방 귀퉁이마다 떠난 이들의 소소한 추억들이
발밑에서 들춰진다

누군가의 긴장을 조금은 풀어주었을 텔레비전 밑 화투 두 장
휴게소 한켠 자판기에서 섬까지 동행했음직한 은빛 동전 세 개
누군가의 한 끼 식사로 교환되기도 했을 구겨진 지폐 한 장
떠나간 기척들이 남기고 간 잔해물이
지난밤, 우정의 향연을 말해준다

앉은 자리가 바뀌면 풍경도 달라지는가
도심의 피로들은 나로도의 청명한 바람을 그리워하고
나는 섬에 앉아 저 도심의 회색빛 고립을 그리워한다

떠난 이들이 부려놓은 흔적들을 바람으로 지우며
오고 있는 빌길들 휴이을 챙겨 두고 기다리는 오후
도심을 벗어난 이들은 낯선 곳이 주는 편안함을

호탕한 음성으로 해안도로에 날리며 오고
산마루의 노을은 저들이 지나온 바다에 슬며시
차고 황홀한 자취를 뿌리고 떠난다

사과 세 쪽

퇴실하는 손님 중에 팔십팔 세 할머니가
지팡이를 잡지 않은 다른 손에 꼬옥 쥐고 온
망설임 세 쪽

애들이 버린다는데 아까워서
한쪽 먹어봐 하시더니
내 손바닥에 낮달 닮은 사과 세 쪽 올려놓는다

배웅을 마치고 마당에 서서
그녀가 주고 간 마음 세 쪽을 먹는다
그녀가 건너왔을 허기진 시대를 천천히 씹어본다

사과진이 끈끈한 나의 빈 손바닥 뒤쪽
마을 입구에서 점점 멀어져가는
자동차 한 대 허연 연기로 손 흔들며 가고
구불구불 산허리를 끼고도는 나로도 바닷가
갈매기 한 쌍 그리움을 가르며 멀어져간다

수심

1
나로도 덕흥 선착장
전봇대 꼭대기에 선
갈매기 한 마리

동으로 날지
남으로 날지

물속 깊이 알 수 없어
날개가 무겁다

2
나로베어하우스 펜션
삶의 언덕에 서서
주변을 응시하는 멍텅구리

이쪽으로 갈까
저쪽으로 갈까

마음 가닥 잡을 수 없어
발길이 무겁다

먼지 퇴적층

객실 문을 열고 들어와 먼저 티비 리모컨부터 작동시킨다
브라운관 속에서는
이리오모테 섬의 울창한 숲속 정령처럼 사는 한 노인이
섬으로 쓸려온 쓰레기 퇴적층에서 보물찾기를 하며 산다
나도 어제 머물렀던 도심 저쪽 손님들이 묻혀온 미세먼지를 털고
들떴던 웃음들이 남기고 간 그 속에서 보물을 발견한다

저쪽 세상에서 몸과 옷에 묻어온 피곤의 입자들
밤새 고기 구운 누린내, 술잔에 담긴 함성 조각들
발바닥에서 떨어진 누군가의 차게 식은 각질까지
그대들이 앉았던 소파 밑에서
뭉글뭉글 모여 층을 이루고 있다
생의 표피들 구석진 곳에 모여 사전을 이루고 있다

이리오모테 섬 해안 모서리
파도와 비바람이 만든 퇴적층
그 절벽은 울창한 숲의 울타리가 되고
나무뿌리들은 절벽을 버텨주는 힘줄이 된다
숲에서 숨쉬는 것들은 한 노인의 생에 자유를 안겨준다

나는 매일 이 자리에 머물다 떠난
이들이 켜켜이 남긴 생의 조각들을 비우고
또 다른 삶이 들어찰 여백을 준비하고 있다

발효되는 시간

이층으로 오르는 계단 옆 비막이용 유리벽과 난관 사이에
새 한 마리 찾아들었다
순간, 전화기 속으로 수혈되던 나의 느슨한 수다는 붕괴되었고
몇 개의 근심과 반쪽짜리 생의 갈증도 길을 잃었다
작은 털뭉치는 해일처럼 불안이 밀려드는지
날개를 파닥거리며 유리벽을 오르고 미끄러지기를 수십 번
출구는 보이지 않는다

바닥에서 빈틈을 찾아보려는지
이런저런 궁리로 헤아려보는지
흰 구름이 분가루처럼 묻은 날개를 퍼덕이고
정수리를 수없이 박아가며
투명한 좌절처럼 긴 유리막 터널을 건너
다다른 끝은 하얀 콘크리트 벽이다

순간 멈춘다, 멈추면 보일까
가만히 내려놓은 죽음처럼 깊고 어두운 저 체념
두려움이 작은 눈에 핏발로 서고
몸뚱아리에선 생으로 깃털이 뽑힌다

한참 후 깃털뭉치의 안부가 궁금해 올라가 보니, 없다
지금쯤 어느 그늘 밑에서 지친 날개를 기대어 놓고
죽음 같던 그 시간을 발효시키고 있을까

해가 서쪽으로 반쯤 기울어진 앞산을 보니
허공 저쪽에서도 길을 잃었는지
구름 한 뭉치 소나무 위에 걸려 있다

냄새는 살아 있다

햇살이 은박돗자리처럼 넓게 펼쳐진 가을
주차장에 단풍을 미행 중인 승용차들 서있다
차 한 대에만 파리 수백 마리가 떼로 들러붙어
어제, 차바퀴 거쳐온 길을 말하고 있다

냄새의 긴 끈은 또 하나의 내비게이션

수산항부터 끌고 온 비린 끈에 파리 떼가
쏟아진 검은 콩알처럼 들러붙어 차 안팎에서
우글거리는 냄새의 끈을 집요하게 붙잡고 늘어진다

살아있는 냄새는 질기다

밤에 먹다버린 비린 달빛
고요가 가득한 봉지 속을
들고양이가 한 차례 휘젓고 간 뒤에
바람에 묶인 냄새의 끈이 공중 까마귀에게 건너졌는지
봉지들 내다놓은 마을 입구 쓰레기장
까마귀들이 달려들어 허기를 쪼아대고
해풍의 토사물들 땅바닥으로 기어나온다

나의 어제는 어떤 냄새였을까
기억 못하는 투명한 끈에 묶인 고린내가
나를 따라오며 발뒤꿈치를 끌어당기는지
누군가를 보듯 자꾸 뒤를 돌아본다

달빛도 박하향 뭔가를 먹었을까
밤새 흰 냄새를
지붕 위로 오랜 동안 흘리고 있다

11월, 곰돌이 휴식

나로베어하우스 테라스에
분주한 빗자루와 물줄기가 지나가고
흰 가루세제 유빙처럼 흐르던 세탁기 속에서
목욕을 마친 곰돌이 가족
북극의 빙하를 떠올린 튼실한 곰발바닥들
물비늘 반짝이는 바다를 향해 건조대 위에 누워
나른한 정오 햇살 받으며 쉬고 있다

피로에 지친 세상의 신발들이 이곳에 닻을 내린 후
떠날 때마다 아쉬움 얹어 머리 쓰다듬던 손길들
떠난 자들은 가끔 일출과 일몰이 되거나
파도나 바람이 되어
이곳에 그리움으로 되돌아오곤 한다

식어버린 숫자들을 품에 안은 달력에서
손 소독제와 희거나 검은 마스크가 얼비치고
여름내 불빛에 이마를 들이박던 벌레들도
지금은 바닥에 떨어진 채 또 하나의 섬이 되었다

하얗게 목욕한 곰돌이 가족
둥글고 검은 발바닥에서
북극 빙하가 서서히 녹아떨어지는 것처럼
곡선으로 도는 섬마을 해안을 바라보며 쉬고 있다

십이월 초순 남도의 볕은 따스하다

뒤통수 긁는 법

보일러에 빨간 신호가 들어왔다
저 캄캄한 어디쯤에서 코드가 뽑힌 걸까
밖이 한층 따뜻해진 오월, 기계 내부에 문제가 생겼는지
갑자기 온기가 멈추자 객실 모두가 싸늘하게 돌아앉았다
문 밖에서 성장하던 벌과 꽃들도 머리를 긁적이고
새와 바람도 보일러실을 들여다보며 고개를 갸웃거린다

하루도 그냥 넘어가는 날은 없네
나로도까지 끌려와 빚에 삶을 저당 잡히고…
기계실에서 나온 청년, 중얼중얼 혼잣소리를 한다

구부러진 기계실의 낡은 전선을 툭툭 건드려보고
코드를 뽑아보고 다시 끼어보고 전화도 해보며 한나절이 걸렸다
환풍구 밖, 한숨처럼 길었던 해가 저물고
먼 곳에서 돌아온 해풍이 객실 창가를 살피는 동안에도
저녁도 잊은 채 기계실에서 해변의 밤을 고친다
그 곁에서 아직 귀가하지 못한 밤벌레 소리가
힌 뼘 더 다가앉으며 난감하다는 듯 뒤통수를 긁는다

바람의 치아가 새겨놓은 흔적

눈을 감아야, 바람의 등뼈가 보였다

투명 비닐의 후손인지
눈앞에서도 보이지 않는 너는 왔다 가면서 꼭 흔적을 남겨서
나의 일상을 흔들어 놓는다

나뭇가지에 걸린 비닐봉투
바람과 손을 잡고
격하게 노는 오후
맥없이 넘어져 있는 저 박스들
창문에 범벅이 된 송홧가루 분탕질
바람의 치아가 새겨놓은 흔적을 치우고 쓸고 닦는다

오년 전, 내게 불어닥친 바람은 또 어떠했던가
그 강풍은 내 삶을 서울에서 섬으로 던져 놓았고
나는 바다 풍랑 속으로 쓸려 갈까봐
풀뿌리들 꼭 붙잡고 온몸을 땅바닥까지 엎드렸다
바람은 몸 곳곳에 흔적을 새겨놓고 지나갔다

웬일인지, 오늘은
바람도 제 속도에 미끄러져
바닷가 저쪽으로 비린 추락을 하고 있다

널뛰기

삶이 오늘이란 시소에서 흔들거린다

식탁에 앉아 밥 한 술 뜨는데
마룻바닥, 검은 얼룩이 눈에 잡힌다
몸이 벌떡 일어나 물휴지로 닦는다
순간 소파 밑으로 간 눈길이 먼지에 잡힌다
소파 약간 옮기고 청소기를 돌린다

문득 켜지는 생각 하나, 나는 분명 식사 중이었다
전원이 켜지듯 식탁으로 돌아갔다가
김치 집던 젓가락에 세탁 끝난 빨래들이 또 집혀서
밥 한 술 물고서 서둘러 세탁실로 달려간다
바구니 가득 담긴 젖은 빨래를 안고 단숨에 이층으로 올라가
빨래를 널다 식탁 위에서 식어갈 찌개에 생각이 걸린다
밥 먹다 말고 위층 아래층으로 널뛰다 하루가 저문다

습관 속 높낮이가 다른 궁리들
일상에 묶인 내가 이리저리 중심을 잃는 하루

식은 밥, 흐트러진 반찬
먹다 남은 밥 한 술마저 뜨려는데
누가 밀어 올렸을까, 눈 끝에 핀 무지개 포물선
동쪽에서 튀어 오른 태양이 서쪽으로 기울고 있다

걱정이란 벌떼

살다 보면 있다
일상의 자잘한 모서리, 예상 못한 구석들이
비명도 화도 낼 틈 없이 소리 없이 습격해
일상을 뒤흔들고 하루를 삼켜버릴 때가 있다

어젯밤 그 방에선 누가 모서리 습격을 당한 걸까
그들이 떠난 후 오십오 인치 티비가 실신해 있다
멀쩡했던 티비를 부리 달린 모서리가 확, 쪼아 대었는가

센터의 진단은 액정이 파손되어 교체해야 한다는 것이다
티비의 중요한 신체장기, 액정 교체비만 오십오만 원이란다
이곳에 묵고 떠난 손님에게서 티비 치료비를 받을 수 있을까
걱정이라는 벌떼가 하루종일 정수리에서 윙윙거렸다
보이지 않는 마음을 어떻게 사야 할지, 그 막막함까지
사람의 마음을 더듬기란 무거운 침묵 같다
대낮에도 캄캄하고 온도를 알 수 없는
그 속수무책이 하루를 기진맥진하게 했다

그에게 보낼 문자를 다듬느라 한나절을 끙끙댔다
문자 보시면 연락주세요란 마지막 문장에
마음속 간절함까지 함께 달아 보냈다

수리비는 보상해드릴게요
구원자 같은 편안한 폰 속 목소리를
공작단풍 잎사귀의 살랑거림 사이에서 들었다
머릿속 벌떼가 허공으로 위이잉 날아간다
청량한 햇살과 갈바람에 말라가는 오후가
이모티콘처럼 해맑게 웃는다

당신이라는 선물

이 새벽에 누가 왔을까요
귓전에 문 두드리는 소리 자꾸만 들려와요
밤새 나로도 바닷길 걸어온 찬란한 햇덩이가
퉁퉁 부은 다리로 빈방 하나 있냐고 물어오네요

이번 생의 문장들은 가끔 눅눅했지만
당신이 가까워질수록 섬에는 꽃이 피었고
그리움이 흔들리면 바람에도 풀물이 들었어요

어제는 수십 년을 단번에 가로질러 온 인기척들이 들어섰어요
저쪽 도심에서 매캐한 미세먼지까지 신고서
삶을 통째로 배낭에 넣고 한 벌 웃음들로 내게 왔어요
밤새 풀어놓은 달의 뒤편 이야기는 아리고도 반짝였어요
지금 당신들이 잠든 창문엔 잠옷 입고 나온 풀벌레들이 노래를 불러요

거기, 누구죠? 부석거리는 소리 들려요
테라스 계단 난간 끝에 우주를 횡단하다 실족했는지
라벤더에 기댄 퉁렝이 힌 미괴기 치유 중이네요

새들의 지저귐까지 섬의 아침을 일깨우니
펜션 입구의 연분홍 바늘꽃이
갈매기들의 이정표인 허브 향 구름을 수선해서
나로도 하늘에 액자처럼 걸고 있네요

새, 너마저

객실 손님들이 떠난 자리를 깨끗이 청소하고
식초 소독까지 끝낸 하얀 침구로 말끔히 갈아놓고
방문 반쯤 열어놓고 아래층에 다녀왔더니
그 사이 방으로 작은 날개손님이 찾아들었다

거실 창문에 두 발로 버티고 서서 숨을 헐떡이고 있는
깃털 손님, 창문을 열어 날려 보내고 침실로 들어서니
그가 흔적을 남겼다

깨끗한 이불과 베개 커버, 바닥 여기저기에 똥을 갈겨 놓았다
얼마나 두렵고 불안했으면 급성 배탈을 쏟아내었을까?

어린 시절 무슨 일로 머리와 가슴이 캄캄한 불안을 견디는데
아랫배 어디쯤이 통제가 안 되어 새처럼 질질질 흘렸던 적이 있다

이불 홑청과 베갯잇을 벗겨 들고 나온 나를
한참 바라본 아들이 내 마음을 거들어준다

새마저 엄마를 힘들게 했네

위로의 손길

너는 어젯밤 세상살이에 지친 피로들 어루만져주고
흥건하게 물기 머금고 바구니에 얌전히 담겨있다
너의 얼굴은 촘촘하고 넉넉한 마음판 같아서
땀으로 범벅 진 삶의 물기를 구석구석 닦아준다
위로의 손길 되어 그들 땀내를 대신 품어준다
바구니에 담긴 너희들 세탁기에 넣고 삶음으로 돌리면
그들의 흔적은 너희 품을 해안선처럼 멀리 빠져나가고
맑고 싱싱한 사과 향을 입고 다시 태어난다
펜션촌의 오후, 구름처럼 하얀 수건
건조대 위에서 햇살 열매를 먹고 있다
피로에 지친 이들을 손짓으로 부르듯 갈바람에 흔들린다
또 다른 물기들을 뽀송한 얼굴로 맞이할 준비, 하고 있다

시간의 뒷모습

의식의 초침을 돌려 걸어온 시간의 길이를 재본다

바늘구멍에 실을 꿰면 입에 침이 고인다
가는 몸에 소통의 터널 하나인 바늘귀가
실눈처럼 허공에 둥둥 떠다니고
풀어헤친 머리카락 같은 실오라기들 어른거린다
수직 허리를 잡은 왼쪽 두 손가락은 흔들리고
오라기 잡은 오른쪽 엄지검지 손끝 자꾸 미끄러진다
입구에서 자꾸만 꺾이고 마는 실 끄트머리
어둠 속에서 산길을 걷듯 구멍을 찾아 더듬는다
실 끝은 자꾸 꼬꾸라지고 제자리로 다시 온다
가짜와 진짜를 구별할 수 없는 이 시대 뉴스처럼
어느 것이 허상이고 실상인지 알 수 없고
눈들은 허공을 떠돌고 실오라기들 날고 있다
실 끝자락에 네 번째 침을 바르자 허공이 뚫렸다
가늘고 보드라운 생각이 어렵사리 꿰어지고
어려운 수학 문제를 해결한 아이처럼 얼굴 환하다

손가락 끝에 침 발라가며
수십 번을 헛입질하는 그 고통 줄이려고
가는 줄 길게 끊고 양쪽 끝 잡아매어 마디를 묶는다
한 고비 넘기면 또 한 고비가 숨어 기다리다 다가오듯
수평으로 누운 뾰족한 침이
바짓단 위를 걷자 실이 자주 얽힌다
무릎에 손 짚고 느린 걸음으로 비탈길 오르듯
얽힌 줄 풀어가며 한 땀 한 땀을 걷는다

키는 언제나 위로 자라기만 하는 줄 알았다
언제부턴가 퇴근 무렵 약속들 서서히 줄어들고
내 시간도 조금씩 낡아가고 있었으니
바짓단 한단 올려 꿰매는 일은
한 생이 걸어온 이야기를 영수증처럼 받아드는 일인지
가끔은
솔기와 솔기 사이에서
낡은 단추처럼 들춰지곤 한다

소포상자

가끔 행성처럼 착륙하는 물건이
단단히 막혀 옴짝달싹 않던 나의 무의식 한켠을 열 때가 있다

이월의 화단처럼 미적지근했던 내 일상을 두드리며 들어서는 기척
청색 모자가 네모난 뭔가를 내게 건네고 휘발되듯 사라진다
무얼까 그동안 적지 않은 시간을 몽롱하고 경직된 세월만 섭취하던
나를 흔들어 깨우듯, 품에 안겨진 모서리 진 너
궁금증을 다독이며 입구를 조심스레 연다

너의 내부는 투명 통에 담긴
잠든 미각을 깨우는 자잘하고 다양한 채소 입자들
오래전 헵번의 망사스타킹을 닮은
장미향 배인 꽃무늬 화장지가 그것들을 보호하고 있다

네모 귀퉁이마다 단단히 고정된 두루마리 기둥은
다시 얼굴을 바꿔 내 안에 배흘림기둥으로 들어선다
그것은 어쩌면 바티칸 궁전의 네 기둥
아니 어쩌면 단 한 번도 내가 본 적 없는
이 낙도에서 홀로 서성이던 나의 뒷모습

맛깔나고 넉넉한 비빔양념들을 보는 순간
내 미소를 잡아끄는 투명하고 밀폐된 군침들
출출한 허기를 깨우는 식욕이 내게 안겨든다

시집 한 권 건넸을 뿐인데,
나를 떠난 활자들이 멀리서 보낸
참 멀리서 당도한 고농축 안부를 병뚜껑처럼 딴다
지금 그것들은 불 위에서
얼마 후면 귀가할 아들의 입맛을 위해 분주하다

내 안에서 몇 밀이고 고개 들고 너울지는 마음을
가스 불꽃처럼 가만가만 조절하고
창밖 먼발치 내다보며 택배 어딘가 동승했을
그의 콧노래 한 소절 발굴하듯 가만, 청각을 열어보는데
 언제 왔는지 마당에 당도한 커다란 기척이 이쪽을 향해
외친다

 - 엄마, 배고파 밥

밥이라는 경전

하루 속엔 무수한 행간이 떠다니고,
오늘 아침은 주차장 한쪽 구석에서 까마귀와 싸운다

어둡고 컴컴한 저 날개들,
어제가 버린 것들은 항상 검거나 구겨져 있다
내 터전에 들어와 검은 봉지에 든 음식물을
살 발라먹고 남은 생선 가시처럼 찢어 놓고
까악까악, 구겨진 폐비닐 봉지가 펄럭이며 부리로 운다
푸드득, 검은 봉지처럼 날아 지붕 모서리에 앉아
자기 식량을 치우는 나를 쏘아본다
그 눈빛에 깃든 살기가 내 눈을 뽑을 것 같아
머리를 숙이고 비닐장갑 낀 손으로 줍는 부스러기들,
마늘조각 라면가락 김치조각을 닮은 내 두려움의 잔해들
찢기고 널브러진 어제를 단속한다

고개 들고 앞뜰을 보니 철쭉에 벌이 앉아있다
지금껏 꽃술에 날아든 벌은 사랑하려 님을 찾아왔다고 생각했다
이 아침 새삼스레 알았다 그도 밥을 찾아 출근했다는 걸
끼니마다 목숨 걸고 달려드는 저 필사적인 몸짓들

배고픈 것들은 늘 밥이 경전이다

IV

100 · 소록도 큰할매 마리안느
102 · 사과의 온도
104 · 망명의 늪
106 · 우주를 가로지르는 누리호
110 · 나로도 하늘은 맑다
112 · 북서쪽 울안, 말씀 하나 서성일 때
114 · 평평한 벼랑
116 · 대지의 점령군
118 · 꽃들의 수화(手話)
119 · 천로역정
120 · 헛탈
121 · 뒤꼍
122 · 해풍의 진단서
124 · 소록도 작은할매 마가렛
126 · 발포리 팽나무 장계

소록도 큰할매 마리안느*

십일월 끝자락
나의 마지막을 읽은 걸까 섬이 아프게 운다

물기 가득 머금은 묵직한 생을 짊어지고 살아가는 이들의 사연들
유아원 벽 유리창 아래,
한숨을 눈으로 쏟아내던 어매들의 긴 울음
자고 깨면 조금씩 줄어들던 화농성 꽃들의 기록들
이곳 소록도의 가족들, 분화구 같은 등을 쓰다듬던
사십 여년을 챙겨 남생리 소각장으로 향한다

섬을 휘돌아나가는 바람보다 그들과 내 눈물이 더 풍성했던
뭍에서 버려진, 나의 유일한 가족들과 이어온 날들이 담긴
낡은 가방이 북서풍에 휘청거리는 나를 부축한다

지난날 삼백육십오일
아무리 약을 발라도 사지가 떨어져 나가던 소록도
그래
이곳에선 태양노 날노 수시로 욱창이 생겨 칭얼거렸다

세상의 남쪽에 있어도 봄은 가장 더디게 당도하던 섬
아니다. 버려지는 생의 온도는 꽃 핀 계절에도 늘 겨울이었던
가엾고 아름다운 나의 섬, 소록도의 시간들을 태운 연기가
내 목울대를 매캐하게 막고
내 눈동자를 노을빛으로 물들이며 앞바다로 흩어진다

마리안느*

1962년 2월 24일에 한국에 와서 2005년 11월 22일 오스트리아로 귀국할 때까지 43년간 간호사로 소록도에서 한센병 환자들을 도움. 환자들 사이에서 '큰할매'로 불림.

사과의 온도

일교차가 살갗으로 다녀간 아침
창문에 묻은 얼룩을 지우려 신문지를 펼쳐든 순간
송곳처럼 돌출된 제목이 내 뺨을 세게 친다
날아든 활자 폭력에 정신의 언저리가 쑤셔대어
쓰디쓴 커피 한잔 들고 천천히 검은 행간을 살핀다

 머리카락으로 얼굴을 반쯤 가리고 눈은 아래로 내리 깔고 섰는
 평생 생의 저지대에서 젖은 가난 한번 맛보지 못했을 도도한 저 목
 급조된 사과 몇 마디 주억거리는 가면 속 그녀에겐 미안함이란 없다

온기 없는 사과에 세상은 일순 분노의 거품이 부글거렸고
기자회견 입구를 빠져나온 성난 일상들의 일그러진 표정들
그 곁을 지나가는 바람이 주차장 옆 가로수 멱살을 잡았다

몇은 혀를 차고,
몇은 잘 익은 사과보나 붉고 격상된 손오료 채널을 돌렸다

유리조각처럼 날이 선 그녀의 눈물을 믿는 이는 아무도 없었고
 사과에도 속성 재배한 기획사과가 있다는 걸 처음 알았다

타국 공항 하늘에서 내쫓김 당한 승무원 뒷모습은 창백했다
벼랑 끝에 선 어느 집 가장의 처진 가슴에 밀봉되었던
침묵의 저수지 둑이 툭 터지자
어젯밤 세차게 불던 비바람이 속을 할퀴고 지나간다

견과류 하나가 거대한 비행기의 항로를 바꿀 수 있다는 걸
모두가 알게 된 날이있다

망명의 늪

햇살 뜨거운 유월 끝자락
나로도 해안도로에 산란을 위한 게들 행렬 부산스럽다
세상 어디에도 안전한 영토란 없는 걸까
자동차 바퀴에 치여 도로에 널부러진 주검들
절망 끝에서 내지른 수백 개의 비명이
따가운 햇살에 육포처럼 말라간다
좀 더 안전한 곳을 찾아 힘겹게 감행했을 저 비린 망명들
도로 위에서 저승의 강을 훌쩍 건너뛰고 말았다

바다 건너 리오그란데 강을 건너다 익사한
난민 부녀* 죽음에 오후가 눅눅하다
안전해야 할 가정의 둑이 무너지고 단속에 쫓겨
젊은 아비는 어린 딸의 두 팔을 목도리처럼 목에 걸고
신神께 성호를 그으며 강으로 뛰어들었다
젖먹이 딸을 위한 팔은 더 이상 헤엄칠 도구가 될 수 없었다
물은 날카로운 흉기처럼 부녀의 호흡을 찌르며 들어왔다
쓸쓸한 주검이 강 하류로 떠내려 와
오랜 내전에 찢긴 어느 나라의 젖은 깃발처럼 흔들렸다

한여름, 들춰진 소문들은 부패의 속도가 빠르다
미간을 찡그린 인파들이 강가로 몰려들자
그곳이 지상 최대의 망명지로 알았음일까
시취屍臭를 맡은 파리 떼가 최고의 밥상을 발견한 듯
아이와 아빠, 주검 위를 들러붙는다

강물 위에서 저승길에 오른 어린 아기와 젊은 아빠
눈을 뜬 채 세상을 등졌을 저 깊고 순박한 주검
나란히 얼굴을 땅에 박고 엎드려 있는 부녀의 등 위를
눈부신 구름이 바람과 함께 조용히 떠간다

난민 부녀*
2019. 06. 27. 엘살바도르 출신, 이민자 부녀가 미국과 멕시코의 국경 지역 리오그란데강을 건너다 익사함

우주를 가로지르는 누리호

저 날개엔 방향을 잡는 키가 있는 걸까
내 호기심 끝에서
헬리콥터처럼 이륙하는 잠자리 떼 공중비행
썰물과 밀물처럼 허공을 드나든다

생나무 둥치에 밧줄 걸어 친 천막 속엔
조·명 군사들 말소리 웅성거리고
술잔 부딪히며 눈빛으로 승리를 다짐했을 나로도 상공을
순간, 귀청 심히 때리며
꽁무니에 불꽃을 달고 누리호가 휙 올라간다
물이랑 일으키며 지나는 뱃길처럼
누리호가 굉음 지르고 기단을 바꿔가며
우주바다를 향해 첫 발동을 건다

사백여 년 전 임진년 산빛 짙푸른 유월
첫 이라는 횃불 아래 실험의 멍에를 지고
가까스로 세상에 나와 격랑의 선두에 나선 귀선
왜적함대 사이 사이를 천·지·현·황(天地玄黃) 총통 발사하며 돌진하자
 뒤따른 판옥선들 일제히 철환(鐵丸)과 장편전(長片箭)을 쏘아

사천 앞바다에서 적선 십여 척을 순식간 쳐부수었던 그날*처럼
 오늘은 우주를 개척할, 무수한 꿈들이 합체된 로켓으로 진화한
 누리호가 바다보다 더 푸르고 깊은 우주로 첫 출항을 떠나고 있다

간절해야 열리는 길이 있다

오래전
물이랑 잠재우며 한 겹 한 겹 개척했던 뱃길처럼
그의 간절함이 하늘에 닿았음인지
오늘 여기,
누리호가 나로도 하늘에 범선처럼 또 하나의 길을 내고 있다
참 많은 진화를 넘고 넘어 우주길을 쏜살같이 오른다

붉은 철릭을 입고 한 손에 등채를 든 그가
해무를 뚫고 거북선에 오르다 문득,
이쪽을 돌아본다
먼 우주로 멀어져 가는 누리호를 향해

끄덕끄덕, 그의 입가에 미소가 희미하다
여전히
세월을 꼬리에 매단 잠자리들 화석처럼 하늘을 날고 있다

사천해전*

사천해전은 1592년(선조 25) 음력 5월 29일 이순신의 조선 수군이 사천 앞 바다에서 왜군과 벌인 전투로서, 이 해전에서 거북선이 돌격선으로 첫 출전함.

나로도 하늘은 맑다
코로나 19

요즘 이 땅은 네 이야기로 들끓고 있어
나로도 파도처럼 흰, 방역복이 지나가는 화면과 함께
방송은 뉴스로 너의 행적을 실시간 생중계 중이고
휴대폰은 중대본 도청 군청에서 주는 안전 안내문자로
네 행적을 일일이 보고하고 있어

너는 지금 지구 축을 뒤흔들고 있어
작년 이맘때만 해도 동서대륙 힘센 국가
허풍쟁이 원수들이 힘자랑깨나 했잖니
서로에게 으름장을 놓던 그들을 잠시 손 놓게 한 건 너야
그러니까 너는 소리도 없이 그들을 순식간에 제압했지

바람 등에 업혀 비말로 네가 만난 사람은 누구든
일손 놓고 죽음의 그림자에 솜털 하나까지 떨고 있어
그러니까 넌 말뚝도 밧줄도 없이
사람들의 삶을 묶어 놓았지
동물이며 식물이며 박쥐까지 잡아먹는
넘치는 식욕과 소비와 편리만을 추구하는
무한 욕망의 소유자, 그들에게 생명의 위협을 주어

환경을 돌아보라고 지구 자연을 지켜달라고
경고하고 있는지 몰라 넌

육안으로 보이지 않은 바이러스
바람에 실려 우리 몸으로 들어오는 너의 침범을 막을
유일한 무기는 현재로썬 마스크뿐이야
코와 입을 마스크로 단속하고 차에서 내리는 손님들
나도 마스크로 무장하고, 그들을 맞고 있어
햇살 환한 나로도 펜션의 주말 오후

북서쪽 울안, 말씀 하나 서성일 때

십일월 중순 찬바람이 잦아지면
울안 유자나무 가시 가지 틈새마다 열린 음성
끼니 드시듯 반복되던 당신 이야기가
환한 우주 한 채 출렁이듯 샛노란 진액으로 고인다

왜정 말년, 징용당해 강제로 끌려가다 탈출해 수덕산 바위굴에 숨었지 돌 입구 틈새로 새어든 허연 달빛이 저승으로 끌고 갈 사자로 보이고 고라니 울음소리가 달려 들어와 날 덮칠 것 같아 귀를 막고 몸을 바짝 바닥에 엎드려 사흘을 버티다 집으로 숨어들었지 뜸하게 마을 분 만나도 돌아서서 눈만 끔벅여주었지

육이오 전쟁 중엔 놈들은 낮엔 산에서 지내고 밤엔 희미한 반딧불 인광으로 동네를 휘젓고 다니며 사람들 한 곳에 모아놓고 나이를 가늠할 때, 턱수염 길이로 대여섯 살 늘려 말해도 모두 벙어리가 되어 고개만 끄덕거려주었지

당신은 말 끝자락에 항상 수수한 추임새를 넣었다
입이 총알이고 살아남는 자가 영웅이여
솥 이탈한 밥알 주걱으로 누르듯 한 마디 더 다독이셨다

암, 그렇지

당신이 떠나고 알았다
가시 많은 유자나무를
북서쪽 뒷담 밑에 심으신 뜻을

암, 그렇지

생의 추임새 쟁이듯 둥근 향을 썰어 유자청을 담근다
유리병에 아버지 가락들이 설탕에 버무려
차곡차곡 잠기고 어느 새 당신 당부처럼 찬바람 한 뼘 더 깊다

평평한 벼랑

미세한 입자로 건축되는 낭떠러지가 있다
부유하는 날들만 섭취한 안개는 밤새
방심의 모서리마다 흰 벼랑을 만들었다
익숙했던 길들은 창호지처럼 앞이 막혔고
짐작과 추측의 날들은 일순 맹인처럼 저만치 물러난다

안개 속, 테라스 바닥에서 장수하늘소가 길을 잃었다
평온했던 더듬이 끝 감각들이 심하게 뒤틀리고
방향을 놓친 몸은 결국 하늘을 향해 뒤집혔다
평범했던 모퉁이들이 모두 벼랑으로 돌변했는지
바닥으로 몰린 갑각들은 좀처럼 되돌려지지 않는다

희뿌연 무리들이 건축한 벼랑 속에서는 누구도
한낮의 태양 아래에서 본 것들을 함부로 속단해서는 안 된다
부주의한 그 끝에 도사리고 있을 흰 뿔들
어느 쪽에서 소처럼 들이받을지 아무도 알 수 없다

어느 순간, 벼랑 아래로 떨어져 길을 잃었던 소녀를 알고 있다

부주의함이란 늘 안개처럼 스미는 법인지 그 소녀의 실족도
방심이 끌어들인 발끝에서 시작되었고 열흘 만에 구조되었다

우리가 단단하다고 믿고 내딛던 지면이나 모서리가
어느 한순간에 허방이 되거나 뿔이 되어 내 어딘가를 찔러
낭패감의 접점이 되고 만다
방심의 벼랑이란 그런 것이다

은빛 어둠이 덮인 숲속에서 매미 울음소리가
나무 아래 천길 벼랑으로 폭포수처럼 떨어져 내리는 아침
온 섬을 감돌던 안개도 자취를 감춘다

대지의 점령군

장마가 닥치기 전
칡넝쿨로 점령당해 발 디딜 곳 없는 산 아래 묵정밭
호미와 낫으로 점령군 끌어내리려 집을 나선다

뱀 혀처럼 널름거리며 새순이 온몸을 배밀이로 밀고 와
흙이 묻은 줄기마다 땅속 깊이 뿌리내리고
순이 닿은 나무마다 줄기며 가지며 잎까지 타고 올라
물오른 메아리의 숨통을 뱀처럼 친친 조이고 있다
근원을 뽑으려고 서너 가닥 긴 줄기들 모아 양손으로 휘어잡고
온몸으로 잡아당기자 오히려 칡넝쿨이 나를 잡아 눕힌다
입안 가득찬, 껄끄러운 흙들을 뱉어내며 다시 호미를 든다

단단하고 질긴 것들의 최후는 언제나 예감이 빗나가고
불손한 칡뿌리는 파면 팔수록 알 수 없는 깊이로 뻗어있어
넝쿨만 낫으로 자르고 뿌리 끝에 수류탄 같은 막소금 한 줌 묶어둔다

몇 줄기 넝쿨 자른다고 기형의 근본들이 달라질까
질기고 변질된 욕망일수록 지상 높은 곳만 답습하는지

자르고 캐내어도 내막을 알 수 없는 음흉한 이면들이 메스껍다
 허기진 배를 끌어안고 흙과 땀으로 범벅이 된 피곤을 챙겨 산비탈을 미끄러져 내려오는데
 후들거리는 발길 저 끝에서부터 눅눅한 먹구름이 말처럼 달려온다

 훅, 달려드는 물비린내
 장마가 시작될 모양이다

꽃들의 수화(手話)
영화 '도가니'를 보고

구둣발로 짓밟힌
한 무더기 쑥부쟁이가 비명을 지른다
그들이 발걸음 옮길 때마다
향기로 보내는 아픈 외침, 꽃잎들의 비명
들판에 범람하는 여린 것들의 수화

가죽구두는 가축들의 비명이 담긴 화석이다
네 발 달린 그 등가죽에 징을 박아
박제된 축생들의 전생을 신고서 그들은
푸르거나 하얀 비명을 짓밟으며 간다

보신탕을 점심으로 먹고 이를 쑤시던 그들은
길섶에 뭉그러진 줄기 끝에 아직 붙어 있는
쑥부쟁이 꽃잎 모가지를 아무렇지 않게 뭉개며 간다

저 멀리서
마실 나온 노을이 뭉텅, 피 한줌 쏟는 저녁
허공을 향해 하염없이 여린 냄새로 내지르는 외침
가을 꽃, 쑥부쟁이는 홀로 앓다가 사라진다

천로역정*

지하철 2호선 강남역
사람 폭풍이 세차게 밀려든다
나는 뱀이 되어 꿈틀꿈틀 틈을 빠져나온다
짓눌린 몸통 간수하는 오늘의 이 거대한 일은
천국 층층대, 한 계단을 오르는 빛나는 시작

천로역정*
영국의 작가 존 번연이 지은 우화소설 제목

헛탈

아무리 애써도 안 되는 게 있다
탈들이 움지에서 기지개를 켜고
보이지 않는다고 마구 벌떼처럼 쏘아대는
머릿속이 헛집으로 꽉 찬 무리들의 마음 돌리는 것
남을 후벼파는 일로 날밤을 새는 그들의 마음을 돌리려고
아무리 애쓰고 애써도 어찌 해볼 수 없을 때가 있다
 좁은 헛간에 물건들 이쪽저쪽 아무리 옮겨 봐도 제자리인 것처럼
 어찌 해보려고 애를 쓰면 쓸수록 빨려드는 늪이다

헛탈을 쓰고 오랜 시간 걸어왔다
속이 비어 허할수록 두꺼운 탈을 쓰고
탈을 써서 눈속임으로 세상을 넘기려 했다
별일 없을 거야 별일이야 생길라고
속에서 들리는 헛것들로 가득찬 집을 짓고 살았다
탈은 탈을 부른다
어느 날 예상치 못한 바람에 탈이 벗겨지는 날이 온다
탈이 나는 그때가 꼭 온다

생에 새순이 솟아나는 순간

뒤곁

유년이 살고 있는 마을엔
눈물이 헤픈 뒤곁이 있습니다

그해, 그 애와 난
대나무숲 밑에 자리 잡은 그 애 집 마당에서
본 적 없는 지구를 네모로 그려놓고
사금파리를 퉁겨가며 땅따먹기를 하고 있었습니다

목수인 그 애 아부지가 만든 나무상자에
그 애 엄니와 동생이 함께 담겨, 건너편 산속
바람이 잘 통하는 짚으로 만든 집으로 이주했습니다

그 애 동생이 수체구멍 같은 엄니 다리 밑을 빠져나오지 못했다는
어른들의 웅성거림이 솟아져 내 귓속으로 고여들었습니다

뒷벽처럼 마을을 둘러싸고 있는 산
여기저기엔 모자를 입관하듯
얼룩진 진달래를 퍼트리고 있었습니다

그날 이후 우리들의 땅따먹기는 차게 식어버렸고
더는 서로의 꿈속에서도 평지의 날들은 돌아오지 않았습니다

해풍의 진단서

떨어진 낙엽들이 파도에 휩쓸려 허우적거려요

창백한 몇은 이미 호흡기에서 거품이 끓어오르고
저마다 살려 달라 피맺히게 울부짖어요
질식사한 계절은 아직도 진도 항에서 비명처럼 둥둥 떠다니는지
영영 집으로 돌아올 수 없는 외출이 목에 걸려 물을 넘길 수 없는지
오년이 지난 이 가을, 또 특별조사위가 구성되었어요

텔레비전을 켜면, 번들거리는 가면들의 목소리만 들끓어요
탈 속에는 비릿하고 썩은 물거품이 침잠해 있는지
일시 구조된 학생의 심장이 위독하다는 소리는 그들에겐 소음이었는지
보이지 않은 음성 가면의 명령만 유효했어요
위급한 소년을 출렁거리는 배에서 배로 옮기던 중
숨소리 끊기자
한 아이가 죽어가는 것이 뭐 그리 대수냐고 화장터에 가보라고
매일 죽음을 소각한 흰 연기가 솜사탕보다 부드럽게 피어나더라고

그들은 애써 스스로를 변호했을까요

제발, 더 늦기 전에
딱딱해진 슬픔을 풀어주실 수 없나요
비밀번호를 분실했나요 벌써 잊었나요
아이들 손에 더는 지문이 없어 열리지 않나요
푸르렀던 지문들은 벽을 긁다 모두 벗겨져버렸잖아요
그날 이후, 달력도 세상의 계절도 식음을 끊었어요
모든 것은 익사했고 눈앞에는 140416 숫자만 생생히 돋아나요
언제쯤 저 수장 문을 열 수 있나요

아직도 해풍이 마르지 않는 사망진단서
그 위에 국화꽃이 울어요

소록도 작은할매 마가렛*

사시사철 새벽마다 주전자에 데워진 우유로 나눴던 첫인사
소독약과 붕대에 싸여 마음까지 허기진 상처들 컵마다 부었던 간절한 기원들
오늘은 먹먹함을 따르며 묵언으로 혼자 마지막 이별을 고한다

이 섬에 친 내 생의 천막을 거두러 방안에 드니
여닫이 문틈으로 십일월 바람이 가지 말라고 등 뒤에서 운다

무無, 무한한 허공을 꽉 채운 그 말
벽에 걸었던 네모난 시간도 내리고

서랍을 열자 무수한 사연이 쌓인 퇴적층들
그것들 다 품고 갈 수 없어 물기로 흐려지는 눈

눈을 뜨면 마주하던, 내 평생이 하루처럼 기도가 되게 했던
책상 위 하얀 유골**마저, 이제는 흙 속으로 돌려보내야 할 때

그동안 애썼다고
초록을 내밀어 조용히 내 등을 쓰다듬는 소나무

그 아래 파놓은 구덩이, 내 뼈가 묻힐 줄 알았던 이곳에
생의 팔할이 비명이었던 이들과의 긴 시간을
이제는 땅에게 맡기고 흙을 덮는다

코 떨어진 바람
팔 떨어진 소나무
젖은 옷자락 눈물 배웅 받으며
빈 가방에 가득 찬 쓸쓸함이 어린 손목을 잡고
소록도,
저문 날짜들의 마지막 발길이 내려온다

마가렛*, 유골**

*1966년 4월 국립소록도병원에 간호사로 와서 2005년 11월 22일 오스트리아로 귀국할 때까지 소록도에서 한센병 환자를 도움. 환자들 사이에서 '작은 할매'로 불림.
**마가렛이 아버지와 로마를 여행하던 중. 성당 지하 카타콤의 해골들 중에서 허락을 받고 가져온 것.

발포리* 팽나무 장계
충무공 이순신 탄생 476주년에 부쳐

님께 소식 올립니다

 포구는 지금도 그날처럼 말수가 적습니다 서른여섯 살 칠월 이곳에 오셨고, 일 년 팔 개월 후 모함에 떠밀려 다시 저 포구를 열고 나가신 공이시여, 님 떠나신 곳을 향해 읍(揖)하고 이 장계를 올립니다

 공이시여 그곳에서 변함없이 여여하신지요 자주 무너지고 탈나셨던 불면과 쓸쓸함은 좀 고요해지셨는지요 님께서 전사하신 노량해전이 그믐처럼 닫히고, 오늘까지 사백여년의 세월이 거인처럼 횡단한 이곳, 동서로 여전히 바람 불고 철새들 남북으로 길게 날며 검은 동아줄을 잇습니다 뒤쪽 진성터엔 님의 관복을 첫 번째 벗겼던 그 오동나무 휘발되었고 십여 년 전 어린 나무 몇 입양해 청렴광장이라는 이름을 얻었습니다

 올해 초 이곳에서는 님이 앉았던 그늘에 혼자 기대 살던 쑹앙녁이 푸싱귀저김 흙속으로 갔습니다 뽑혀나간 님처럼 발포리엔 적막 한 채 더 늘었습니다 과묵했던 님 떠나시고

하늘이 열리고 닫히길 사백 이십 삼년, 갯바람이 아무리 드나들어도 이곳엔 밥 먹으라는 따스운 소리 멸종되었고 굴렁쇠도 고무줄놀이도 사라지고 없습니다 해질녘이면 포구에 나와 서성이는 보선산 품에 안고, 또 한 세월 낡은 돛처럼 기다려야함을 압니다 제가 누구냐고요 님이 머무시던 곳 표지석 철제 울타리, 파수 보는 문지기라고나 할까요

 오늘처럼 흐린 날이면 지척에서 문득 함성 들리고 노을이 등잔불처럼 위태롭게 흔들립니다 나 여기 빈집처럼 늘어만 가는 공을 향한 그리움 속에 발을 담그고, 이따금 포구에 바람 불면 행여 님께서 안개로 다녀가실까 이 저녁 낮게 누운 창백한 연기 너머로 가만 가만히, 해풍의 옷깃을 만져봅니다

발포리*
고흥군 도화면, 충무공 이순신 수군 첫 부임지

| 해설 |

풍경과 시간이 살아가는 남녘 섬의 따뜻한 서정
− 신진순의 시세계 −

문학 평론가 / 한양대학교 국문과 교수 유성호

1. 삶의 지극한 원형을 찾아가는 미학적 페이소스

 신진순의 신작시집「난파선 한 척, 그 섬에」는 남녘 섬에서 겪어온 삶의 순간들을 낱낱이 기록한 아름다운 풍경과 시간의 도록(圖錄)이다. 시인이 살고 있는 전남 고흥 나로도는 차랑차랑, 하염없이, 오랜 풍경과 시간을 쌓아가는 천혜의 공간이다. 시인은 그러한 풍경과 시간의 흐름을 때로는 잔잔하고 투명하게, 때로는 격정과 회한을 얹어 토로해간다. 시종 진정성 있는 목소리를 통해, 삶의 만만찮은 굴곡을 품은 채, 새로운 희망을 일구어가려는 의지를 충만하게 들려주고 있는 것이다. 그런데 이러한 풍경과 시간을 발화하는 시인의 언어는 과장된 감상(感傷)이나 충동보다는 은은하고 지속적인 내면적 열정에 의해 이루어진다는 고유한 특성을 지닌다. 시인은 내면에서 역동적으로 일고 무너지는 적공(積功)에 시의 중심을 두면서 자신만의 사유와 감각의 결을 촘촘하게 안착해가고 있는 것이다. 따라서 이번 시집은 삶의 구체적 조건 속에 불가 피하게 찾아 오는 여러 난경(難境)들에 대해 건강하게 반응하면서 삶의 지극한 원형을 찾아가는 시인의 미학적 페이소스(pathos)가 눈부시게 다가오는 성과가 아닐 수 없다. 이제 그 살가운 언어 속으로 한 걸음씩 천천히 들어가 보도록 하자.

2. 나로도의 풍경이 품고 있는 생동감과 고요함

시집의 경개(景槪)를 살펴볼 때 우선적으로 눈에 띄는 일차적 외관은 시인이 뿌리를 내리고 살아가는 나로도의 풍경일 것이다. 그 풍경은 자연 형상의 흐름으로 인화될 때가 많은데, 시인은 그것을 삶의 분명한 배경이자 시의 낯익은 제재로 등극시키고 있다. 말하자면 자연 형상을 통해 삶의 본령을 탐색하고 다짐하는 서정시의 작법을 심층적 차원에서 구현해가고 있는 것이다. 나아가 시인은 자연의 근원적 속성을 품어 안으면서 자신의 경험적 기억을 하나하나 집중적으로 형상화하는데, 이는 인간과 자연 사이의 근원적 관계를 암시하는 방향을 취하면서 자연이라는 것이 넓게는 인간을 포함한 우주의 원리나 본성을 포괄하는 것임을 섬세하게 알려준다. 그 안에는 바다 같은 천혜의 풍광은 물론 그것의 생성과

변화에 개입하는 근원적이고 편재적인 인간의 삶이 상당한 지분으로 포함되어 있다.

 신진순의 시는 이러한 자장 안에서 태어나 우리에게 섬이 품고 있는 아름답고 신비로운 풍경의 생동감과 고요함을 아울러 전해준다. 먼저 다음 작품을 읽어보자.

    나로도 봉래 장날
    열무 다섯 단 마늘쫑 세 단 생선 여섯 무더기
    아이들 손꼽놀이 하듯 고샅길에 좌판을 벌려놓은
    검버섯 깊게 핀 어제의 수다들이
    옹기종기 모둠살이 하고 있다
    호미자국 새겨진 푸른 시간을 팔고 있다
    묵직하게 기다림을 키우고 있다

    막 가져온 따끈따끈한 손두부 사세요
    도토리묵 들여가세요
    일찍 담벼락 아래 자리 잡은 화물차 확성기에서
    기계음들 달려 나온다

    콩나물 천 원
    찐빵 이천 원
    손두부 한 모를 사고 나자 손지갑이 헐거워
    열무며 마늘쫑은 끝내 못 사고 돌아선다

흙 속 굼벵이처럼
꼼지락거려 가꾼 목숨들을 팔고 있는 그녀들 등 위로
나로도 동쪽 바다에서 보따리 이고 나온

햇살도 한쪽 자리를 차고 앉아 전을 펼친다
일찍 구경 나온 참새 한 마리
그 위를 가로지르며 노래 한 소절로 마수걸이하는 아침
―「풍경의 서막」 전문

 이 작품은 나로도의 가장 친근한 풍경 하나를 산뜻하게 부조(浮彫)한 그야말로 이번 시집의 '서막(序幕)'이다. 시인의 시선이 미무른 곳은 상날에 펼쳐진 삶의 좌판들이다. 섬 생활의 리듬이 생생하게 살아 있는 이 시편에서 시인은 소량의 먹을거리를 파는 고샅길 좌판에서 흘러나오는 "검버섯 깊게 핀 어제의 수다들"을 들려준다. "옹기종기 모둠살이" 하는 이들이 생동감 있게 수런대는 그 목소리는 "호미자국 새겨진 푸른 시간"과 함께 나로도의 심상을 단연 선명하게 전해준다. 어떤 간절한 순간을 향한 묵직한 기다림은 그들이 삶에 주어진 운명 같은 것일 터이다. 화물차 확성기에서 끝없이 새어나오는 소리도 "목숨들을 팔고 있는 그녀들"을 확연하게 돋을새김해준다. 바로 그때 "나로도 동쪽 바다에서 보따리 이고 나온/햇살"이 이러한 풍경의 한켠을 거들고 있지 않은

가. "일찍 구경 나온 참새 한 마리"도 새로운 주인공으로 참여하여 "노래 한 소절로 마수걸이하는 아침"에 나로도 '풍경의 서막'은 그렇게 환한 생동감으로 열리고 있다. 삶이 경전처럼 다가오는 그 순간, 우리도 "시간도 오래 묵으면 저렇게 견고한 경전"(「곰보 갯바위」)을 이룬다는 것을 알아가게 된다. 다음은 어떠한가.

    초여름 나로도에선
    함지박 속 햇살도 갯장어가 된다

    허리가 수평선보다 낮게 내려온 저 할머니
    자신과 함께 늙은 함지수레에 들통 하나 싣고
    삼거리에서 동포마을 쪽으로 반쯤 식은 태양을 밀며 간다

    고무 함지를 노끈으로 꿰매 어깨에 걸친 은백의 세월
    무임승차한 갯벌에서 건져 올린 비릿한 체념과 파도 소리까지 싣고
    노을 속을 지친 소처럼 느릿느릿 걸어간다

    몇 걸음 가다 멈춰 서서 굽은 허리 양손으로 받치고
    등 굽은 독백 한 줌 해변 저쪽으로 푸념하듯 날리며
    긴 숨으로 천리 길 가듯 한 뼘 길을 간다

    유월의 송엽국 한 무리가
    분홍빛 졸음을 켜둔 채 당직을 서는

근무자 없는 허깨비 파출소 담장 밑, 길고양이 한 마리
그 걸음길 멀거니 쳐다보다 애 터지고 허기져서
전생을 핥아대며 마냥 앉아있다

파도를 접으며 귀가하는 할머니
함지박 속에서 우글거리던 햇살이 스러지고 있다

— 「햇살의 무게」 전문

    이번에는 초여름의 나로도에 번져가는 '햇살의 무게'가 선연하게 다가온다. 시인의 시선은 "허리가 수평선보다 낮게 내려온" 할머니 한 분이 "자신과 함께 늙은 함지수레"에 들통을 싣고 걸어가는 모습을 관찰하고 있다. "반쯤 식은 태양을 밀며" 걸어가는 할머니는 "은백의 세월"에 비릿한 체념과 생의 피로감을 실은 채 천천히 걸어가고 있다. 그 세월의 안쪽으로는 파도 소리도 세차게 들리고, 노을빛도 은은하게 비치고, 느릿한 소처럼 걸어온 오랜 시간도 자욱하게 아른거린다. "굽은 허리"나 "등 굽은 독백 한 줌" 같은 곡선의 숨결로 걸어가는 길에는 "유월의 송엽국 한 무리"나 "길고양이 한 마리"가 졸음과 허기를 안고 배경처럼 존재하고 있기도 하다. 오늘도 한세월 그렇게 "파도를 접으며 귀가하는" 할머니 함지박 속에서 하루의 햇살도 조금씩 저물어간다. 장터의 생동감과는 달리 노경(老境)의 허허로움을 감각적으로 각인한

이 시편을 통해 우리는 남녘 섬을 두르고 있는 고요의 무게를 느끼게 된다. 거기는 "느린 바람과 구름을 풀어놓은 노인들이/양떼처럼 기다림을 키우는 곳"(「신초마을」)이기도 할 것이니까 말이다.

 이처럼 신진순 시인은 자신이 살아가는 섬의 소리들을 때로는 생동감으로 때로는 고요함으로 재현하면서 그 안에 엄연하게 움트고 펼쳐지고 사라져가는 삶을 포착한다. 햇살이 수런대는 풍경을 통해 스스로 자연 풍경 안에 몸을 담그기도 하고, 언어를 멈추고 풍경만이 육체를 얻어 자신의 소리를 내게끔 하기도 한다. 그 순간 시인은 자연이 건네는 침묵의 소리를 들으면서 나로도의 필경(筆耕) 작업을 충실하게 수행해간다. 말할 것도 없이 이러한 시쓰기는 시간에 대한 신선한 감각과 다양한 공간으로의 여행 경험을 우리에게 선사한다. 자연 사물에 의탁하여 내면을 비유하는 단조로운 방식을 넘어 내면의 고갱이가 한껏 빛나는 순간을 독자적으로 담아내는 것이다.

 신진순 시인은 이렇듯 형식적으로는 단단하고 구심적인 미학을 보여주는 동시에 내용적으로는 서정의 격과 품을 깊이 각인해간다. 그녀는 이러한 서정의 빛나는 순간을 단순한 산문적 의미로 환원하지 않으려는 남다른 의식을 통해 풍경과 시간의 고유한 양태들을 충실하게 표상해가는 것이다. 이러한 균형 감각으로 시인은 모든 아름다운 것은 삶의 구체성과

만나 '시적인 것'을 이룬다는 사실을 다시 한번 증언하고 있다. 이때 우리는 나로도에서 펼쳐가는 이들의 삶에 숨어 있는 생동감과 고요함의 순간에 귀 기울이면서 힘겨운 삶을 견디고 치유해가는 이들의 존재론적 심층에 조용히 가닿게 된다. 이 모든 과정이 '나로도'라는 남녘 섬에 우리가 상상적으로 다다르는 순간을 차곡차곡 담고 있다 할 것이다.

3. 가장 깊이 내려지는 시간의 닻

 더불어 신진순은 장강대하 같은 시간의 흐름 속에서 낱낱 존재자들의 고유한 삶의 모습을 충실하게 담아가는 시인이다. 신진순의 작품에는 시간의 한계 안에서 살아가는 이들의 운명에 대한 확인과 성찰이 다이하게 녹아들어 있고, 몸 속 깊이 새겨져 있는 시간의 흔적에 대한 진중한 탐색 의지도 지속적 으로 나타나고 있기 때문이다. 시인은 자신의 실존을 뚜렷이 응시하면서 그 안에서 파동치는 시간의 깊이를 함축하는데, 이때 시인이 그려내는 시간은 누구에게나 동일하게 주어지는 객관적 실체가 아니라 시인 자신의 내면에서 지속되는 어떤 주관적 흐름을 은유적으로 함의하는 것이다. 신진순 시인은 이러한 고유한 시간 경험을 통해 자신이 처한 실존적 상황을 끊임없이 성찰해간다. 그만큼 시인은 자신이 처한 현재형에 구체적 육체를 입히는 방식으로 경험적 시간을 낱낱이 형상화하고 있는 셈이다.

거품으로 부서지는 자신을, 파도는
바위에 새겨두고 싶은 건지
제 몸을 돌덩이에 모질게 부딪친다

온몸을 부딪치고 부딪쳐서
끊임없이 때리는 모습이
어쩐지 낯설지 않고 눈에 익다

눈에 담아둔다는 말이
한때 위로가 된 적이 있었다
고개 한쪽으로 약간 돌리고
한쪽 발부리 살짝 방향을 바꾸니
그 풍경이 바로 사라지는 걸 몰랐다 그때는

발밑에 서걱이는 모래 같은 지나온 시간들이
손으로 긁고 발로 밟아 뇌 속에 일상으로 새겨진다
나란, 그 자잘한 손발의 움직임들이 켜켜이 쌓인 퇴적층

눈에 담아두는 게 아니라
손발로 땅에 새기며 견딘다는 말이
깊숙이 가슴을 파고드는 날이다

- 「시간 퇴적층」 전문

오랜 시간이 층층이 퇴적되어 있는 지층은 어쩌면 인간 보편의 삶을 은유하는 듯하다. 자신을 바위에 새겨두고 싶다는 듯이 온몸을 돌에 부딪치는 파도의 모습을 두고 시인은 "눈에 담아둔다는 말"을 떠올린다. 한때 그러한 표현에 위안을 받곤 했는데 이제는 고개를 돌리고 발의 방향을 바꾸니 그러한 풍경이 사라져버린다는 것을 알게 되었노라고 고백하는 것이다. 지나온 시간이 일상으로 새겨진 지금, 시인은 자신의 존재가 바로 "그 자잘한 손발의 움직임들이 켜켜이 쌓인 퇴적층"이었음을 천천히 알아간다. 시인은 "손발로 땅에 새기며 견딘다는 말"을 가슴을 깊이 담아두면서 거듭 존재론적 갱신을 진중하게 수행하고 있는 것이다. '시간 퇴적층'은 시인에게 그만큼 중요한 전회(轉回)의 순간을 허락하고 있는 셈이다. 그리고 시인은 "섬 한 채 품고서 허공 저쪽 음각의 날들 깊이로/친장"(「곰보 갯비위」)해가면서 또다시 오랜 시간을 쌓아가고 있을 것이다.

    퇴실하는 손님 중에 팔십팔 세 할머니가
    지팡이를 잡지 않은 다른 손에 꼬옥 쥐고 온
    망설임 세 쪽

    애들이 버린다는데 아까워서
    한쪽 먹어봐 하시더니
    내 손바닥에 낮달 닮은 사과 세 쪽 올려놓는다

배웅을 마치고 마당에 서서
그녀가 주고 간 마음 세 쪽을 먹는다
그녀가 건너왔을 허기진 시대를 천천히 씹어본다

사과진이 끈끈한 나의 빈 손바닥 뒤쪽
마을 입구에서 점점 멀어져가는
자동차 한 대 허연 연기로 손 흔들며 가고
구불구불 산허리를 끼고도는 나로도 바닷가
갈매기 한 쌍 그리움을 가르며 멀어져간다

– 「사과 세 쪽」 전문

 이번에 시인은 '사과 세 쪽'이라는 구체적 사물을 통해 시간에 관한 따뜻한 은유를 빌려온다. 나로도에서 펜션을 운영하는 시인의 구체적 체험을 담고 있는 이 시편은, 거기서 만난 할머니 한 분을 은은하게 조감(鳥瞰)한다. 한 손에는 지팡이를 잡고 다른 손에는 "망설임 세 쪽"을 쥔 할머니는 버리는 게 아깝다고 시인의 손바닥에 "낯달 닮은 사과 세 쪽"을 올려놓는다. 그 사과들은 어느새 "마음 세 쪽"이 되어 시인으로 하여금 할머니가 "건너왔을 허기진 시대"를 돌아보게끔 해준다. 그 순간, 산허리를 끼고도는 나로도 바닷가의 갈매기 한 쌍도 마치 "마음 세 쪽"처럼 오랜 시간의 그리움을 가르며 날아가고 있다. 누군가 건넨 따뜻한 마음의 "보이지 않은 그 어떤 힘이/서서히 내 안에서 새순처럼"(「기억, 존재의 우물」) 돋아나던 순간을 시인을 이렇게 들려주고 있다. 시인의 온화하고 성실한 성정(性情)이 따뜻한 시간의 닻을 내리는 순간이 아닌가 한다.

신진순의 시는 이처럼 오랜 시간에 대한 경험 형식 혹은 회상으로 발원하는 경우가 많다. 지나간 시간을 되돌아보거나 아주 오랜 시간이 쌓인 지층들을 되살필 때 시인의 감각과 사유는 고유한 색상과 향기로 한없이 번져간다. 그렇게 시인의 시는 시간에 대한 기억의 재구성이라는 특성을 지님으로써 존재론적 성찰의 목소리를 폭 넓게 들려주는 세계로 우뚝하기만 하다. 시인은 시간의 근원에 대한 사유와 감각을 축적해 오면서 남다른 깊이를 지닌 시인으로서의 표지(標識)까지 우리에게 들려준 것이다. 그리고 시인이 내린 시간의 닻은 이때 가장 깊은 곳을 향하고 있을 것이다.

4. 묵중하고 진정성 있는 긍정의 실존적 인생론

궁극적으로 신진순의 이번 시집은 이 시인만의 남다른 실존적 인생론으로 귀결되어간다. 시인의 인생론적 경험과 혜안 그리고 그것을 표현하는 심미적 언어는 충실한 기억에 의해 조직되고 구성된 예술적 흔적으로 끝없이 넘실댄다. 오랫동안 시인 나름의 아름다운 기억을 선명한 감각적 이미지로 환치하는 작법이 여기서 비롯하였을 것이다. 이는 시인 자신이 겪어온 나날에 대한 헌사이자 충만한 현재형으로 그것을 변형해가려는 미학적 의지가 반영된 결과이기도 할 것이다. 그것은 시인으로 하여금 삶의 심연에서 피워올리는 국량(局量)을 넉넉하게 견지하게끔 해주는데 그 원리는 많은 경우 역설적 사유와 감각에 기초하고 있다. 다음 사례를 한번 들여다보자.

    해풍의 모서리를 만지면
    낮은 바다를 배로 기어온
    바람의 손끝마다 오래된 지문이 묻어나고
    대낮에도 심호흡이 길게 밀물진다

    테라스 위로 하루치 그늘이 드리워지면
    섬마을 나로도는 집이고 뜰이고 온통 메마른 갯벌이 된다
    벽, 빗자루 밑, 민들레 풀섶
    어둡고 습한 곳은 어디든 게들의 전설을 들쑨 움막이 되고
    베란다 한쪽 모서리로 난파된 다리 붉은 게 한 마리
    갯내음 풍기며 칠월 햇볕에 일생을 바짝 말리고 있다

    내 이름이 쓰인 조각배 하나
    부풀린 삶에 눈멀고 부주의한 일상에 좌초되어
    요동치는 물살에 중심 잃고 휩쓸려 밀려와
    이 섬에 근심 한 채 짓고 말았으니

    벌레 울음과 파도에 따라 출렁대는 지구 바다

망망한 대양에 삼각자처럼 홀로 떨어진 조각배
저마다 가는 곳도 정박할 곳도 몰라 허둥거리는
지금 서 있는 자리에서 모두는 좌초된 난파선들

저녁이 되자 바위섬에 둘러싸인
마을 입구 샛강 같은 바다에서 김이 기어오르고
이따금 허공 안쪽, 생 저편으로
먼 항해를 마친 나뭇잎 하나 바다 근처로 닻을 내린다
-「난파선 한 척, 그 섬에」전문

  이번 시집의 표제작이기도 한 이 시편은 나로도에서 살아가는 "난파선 한 척"의 자의식을 역동적으로 담아낸 '시인 신진순'의 인생론적 축도(縮圖)이다. 언제나 시인을 감싸주는 "해풍의 모서리"와 바람의 손끝마다 묻어나는 "오래된 지문"이야말로 나로도라는 섬을 구성하는 일차적 질료일 것이다. 테라스 위로 쏟아지는 "하루치 그늘"은 섬마을 나로도를 집이나 뜰이나 갯벌로 만들고, 민들레 풀섶처럼 어둡고 습한 곳은 게들의 움막으로 어느새 몸을 바꾼다. 이러한 역동적인 섬 풍경을 배음(背音)으로 삼아 시인은 "내 이름이 쓰인 조각배 하나"를 상상해본다. 삶에 눈멀고 일상에 좌초되어 물살에 중심을 잃고 밀려온 "근심 한 채"가 그 배와 등가를 이루는 순간, 시인은 그 "망망한 대양에 삼각자처럼 홀로 떨어진 조각배"가 가는 곳도 정박할 곳도 모르는 "좌초된 난파선"이라고 고백한다. 하지만 신진순 시인은 역설적 사유에 기초하여 난파(難破)의 여정 속에서도 "이따금 허공 안쪽, 생 저편으로/먼 항해를 마친 나뭇잎 하나"가 바다 근처로 닻을 내리는 순간을 목격함으로써, 자신의 "생에 새순이 솟아나는 순간"(「헛탈」)과 함께 "또 다른 삶이 들어찰 여백"(「먼지 퇴적층」)을 마련해간다. 궁극적으로 역설의 사유와 감각에 바탕을 둔 묵중하고 진정성 있는 긍정의 미학이 그 안에 숨겨져 있는 것이다.

> 삼년 전 서울서 끌고 온 화분 하나
> 밑동부터 들뜨고 말라가는 뿌리들이
> 상한 발가락처럼 아프다고 보챘다
>
> 도시 아파트 유리창 아래
> 따스운 식물의 날들에서
> 어느 날 문득 폭력처럼 해풍 속으로 옮겨진
> 푸른 것들의 생애가
> 통째로 설움 같은 삶을 버티고 있다
>
> 물길 따라 이어지는 바닷가를 서성여도
> 발밑까지 따라와 나를 적시는 작은 신음들
> 이 섬에 아직 마음 한 자락 펼 곳 찾지 못해
> 뒷짐 지고 눈발 흩날리는 섬 지붕 위에
> 여기까지 끌고 온 서울 회색 하늘이 떠있다

섬에서 나고 자란 사람들은 장승처럼 말이 없고
길 가장자리 풀들이 스산한 바람에 흔들린다

견뎌야 해, 강한 주문 같은 말
마음을 동여맨 의지처럼
머리에서 내려와 가슴으로 파고든다

후회의 끈으로 꽁꽁 묶인 지난날을
들고나는 물결 위 먼 하늘로 날려 보낸다

─「마음을 동여매다」 전문

 신진순 시인은 나로도에 올 때 가져온 화분에서 밑동부터 들뜨고 말라가는 뿌리들을 아프게 바라본다. 익숙한 도심의 따스운 아파트에서 문득 사나운 해풍 속으로 옮겨진 푸른 생애가 설움처럼 다가온다. 안간힘으로 버티는 것처럼 보이는 화분은 어느새 시인의 분신처럼 스스로의 색을 입는다. 시인 또한 바닷가를 오래 서성여도 "발밑까지 따라와 나를 적시는 작은 신음들"을 느끼고 있지 않은가. 아직도 섬에 마음 한 자락 펼 곳 찾지 못해 "여기까지 끌고 온 서울 회색 하늘"을 겹쳐놓는 시인의 모습이 선연하게 다가온다. 그러나 시인은 견딤의 주문을 스스로에게 건네면서 "마음을 동여맨 의지"를 선보임으로써 고유한 긍정의 실존적 인생론을 펼쳐간다. 후회의 끈으로 묶인 날들이 먼 하늘로 날아가는 것이 느껴지는 때야말로 시인의 그러한 긍정의 마음이 섬 안쪽으로 더욱 동여매지는 순간일 것이다. 시인은 그렇게 "간절해야 열리는 길이 있다"(「우주를 가로지르는 누리호」)는 것을 깨달아간다.

이처럼 신진순의 시는 자신에게 전하는 스스로의 존재론적 위무(慰撫)이자 치유의 마음을 적극적으로 담아가고 있다. 시인은 섬에 대한 역설적 사유와 감각에 기반을 두고 그에 상응하는 항해와 견딤의 은유로써 자신의 생을 표현한다. 다시 말하면 삶의 절실함과 진정성을 환기하는 장치를 섬에서 찾아낸 후 거기에 스스로를 투영하는 과정을 덧붙이는 것이다. 물론 이러한 과정이 존재론적 도취로 흘러가는 것은 전혀 아니다. 오히려 시인은 구체적 상황을 배경으로 삼으면서도 그 안에 갇히지 않고 견고한 긍정의 인생론으로 실존적 조건들을 갱신해가는 것이다. 그 실존적 인생론이 묵중하고 진정성 있는 흐름으로 훤칠하게 다가오고 있지 않은가.

5. 성스러운 삽화를 통한 '사랑의 시학'

모든 기억은 지나간 시간에 대한 낱낱 재현이 아니라 '지금 여기'를 살아가는 이의 현재적 욕망에 의해 선택되고 구성되는 동일성의 원리로 자신의 본령을 삼게 마련이다. 신진순 시인의 기억 또한 자신의 현재적 욕망과 연루되어 나타나는

데, 그 가운데 세상이 살 만한 것이라는 사실을 근원적 터치로 보여주려는 의지는 단연 신진순만의 미학적 기둥을 이룬다. 이는 그녀가 노래하는 가장 선명한 전언(傳言)의 원형일 것이다. 시인은 가혹한 시간의 무게를 견디면서 우리로 하여금 새로운 기억을 새기게끔 도와주는데, 특별히 자신의 시를 어떤 성스러움의 사건으로 바꾸어가려는 노력을 비친다. 그녀에게 '시(詩)'란 이처럼 언어의 도구적 기능을 넘어 언어를 통해 어떤 성스러운 기억의 차원에 가닿는 미학적 사건이 된다. 자신의 존재론적 기원(origin)까지 암시하면서 이루어지는 이러한 기억의 방식은 시인으로 하여금 성스러운 삽화를 통한 '사랑의 시학'을 창안하게끔 해주고 있다 할 것이다.

> 세상의 남쪽에 있어도 봄은 가장 더디게 당도하던 섬
> 이니다. 비껴지는 생의 온도는 꽃 핀 계절에노 늘 겨울이었던
> 가엽고 아름다운 나의 섬, 소록도의 시간들을 태운 연기가
> 내 목울대를 매캐하게 막고
> 내 눈동자를 노을빛으로 물들이며 앞바다로 흩어진다
> ―「소록도 큰할매 마리안느」 중에서

> 무無, 무한한 허공을 꽉 채운 그 말
> 벽에 걸었던 네모난 시간도 내리고
>
> 서랍을 열자 무수한 사연이 쌓인 퇴적층들
> 그것들 다 품고 갈 수 없어 물기로 흐려지는 눈

눈을 뜨면 마주하던, 내 평생이 하루처럼 기도가 되게 했던
책상 위 하얀 유골마저, 이제는 흙 속으로 돌려보내야 할 때
　　　　　　　　　　　　　－「소록도 작은할매 마가렛」 중에서

 이 두 편의 서정시에는 한센 인들을 수용했던 소록도에서 천사와도 같은 봉사 활동을 해온 두 분 수녀에 대한 지극한 헌정의 마음을 담고 있다. 환자들 사이에 '큰할매'로 불린 '마리안느'와 '작은할매'로 불린 '마가렛'이 그 주인공들이다. 이미 한국 사회에 많이 알려진 이 천사들에 대해 시인은 그분들이 쌓아온 시간의 성스러움으로 화답한다. 그분들은 "세상의 남쪽에 있어도 봄은 가장 더디게 당도하던 섬"을 찾아와, 그 섬을 가엽고 아름다운 섬으로 만들었다. 그리고 그분들의 삶은 시인의 목울대를 막고 눈동자를 노을빛으로 물들였다. 그 사이로 이분들 발자취가 서서히 이울어오는 순간, 시인은 "무수한 사연이 쌓인 퇴적층"과 "물기로 흐려지는 눈"을 남겨준 이들의 기도를 생각한다. 논리적으로는 충분한 설명을 할 수 없지만, 분명한 역사적 사건으로 우리에게 남은 이분들의 성스러움으로 남녘 하늘이 천천히 물들어가고 있다.
 우리 삶 가운데는 이성으로는 설명하기 어려운 신성한 이야기들이 많이 흐르고 있다. 이때 서정시는 이러한 신성한 사건에 대한 경험적 재현의 양식임을 선언한다. 또한 이러한 성스러운 빛에 대한 재구성을 통해 우리 모두를 경건하게 하는 힘을 보여준다. 여기서 근원을 탈환하면서 새로운 삶을 지향해

가는 돌올한 상상력이 최종 심급으로 작용하고 있음을 말할 것도 없으리라. 존재의 출발점과 최종적 귀속처가 되는 이러한 근원적 사랑의 장면이야말로 현실에서는 경험 불가능한 세계를 가능하게 해주는 대안적 힘이 아니던가. 이제 우리는 신진순의 시가 성스러운 삽화를 통한 사랑의 시학을 보여주면서 깊은 감동과 깨달음을 친화력 높게 노래한 세계임을 이해하게 된다.

우리의 의식과 무의식 속에 깊이 각인된 경험이나 지혜는 우리의 가장 중요한 삶의 형식을 이룬다. 그렇지만 지나간 시간에 대한 일방적 미화나 부정은 오히려 우리를 무력하고 고단하게 만들 뿐이다. 우리가 쓰고 읽는 서정시에는 이러한 일방적 미화나 부정보다는 시간의 불가역성에 대한 안타까움을 바탕으로 하면서도 새로운 삶의 사원을 암시하는 개신의 상상력이 나타나게 된다. 신진순 시인은 시간의 불가피한 흐름을 삶의 형식으로 받아들이면서도 거기서 비롯되는 유한자로서의 겸허함과 역설적 역동성을 함께 보여줌으로써 이러한 서정시의 존재론을 완성한다. 삶의 고단함과 명랑함의 적절한 결합은 세계내적 존재로서의 인간적 실존이 가지는 긴장과 성찰을 미덥게 들려주고 있다 할 것이다. 이는 우리 시단에 생동감 있으면서도 고요하기 이를 데 없는 균형 감각을 지닌 사례로 기록될 것이다.

우리는 난파를 넘어 긍정의 미학에 이르는 드라마로서 이번 시집이 많은 독자들로부터 사랑 받기를 바란다. 풍경과 시간이 살아가는 남녘 섬의 따뜻한 서정으로 굳고 정한 결정(結晶)을 보여준 시인의 고투와 성취에 경의를 드린다. 이러한 시집의 성과를 딛고 넘으면서 시인의 다음 여정이 더 광활한 지평으로 나아가기를 마음 깊이 바라마지 않는다.